Impressum
Verlag: BABADADA GmbH, Nedderfeld 112 , 22529 Hamburg
Geschäftsführer / Verlagsleitung: Harald Hof
Druck: Books on Demand GmbH, In de Tarpen 42, 22848 Norderstedt

Imprint
Publisher: BABADADA GmbH, Nedderfeld 112 , 22529 Hamburg, Germany
Managing Director / Publishing direction: Harald Hof
Print: Books on Demand GmbH, In de Tarpen 42, 22848 Norderstedt, Germany

škola
sekolah

trieda
bilik darjah
deliť
bahagi
186/2
tabuľa
papan
školský dvor
laman/taman sekolah
učiteľ
guru
papier
kertas
písať
tulis
pero
pen
písací stôl
meja
pravítko
pembaris
kniha
buku
žiak
murid

školská taška

beg galas

peračník

kotak pensel

ceruza

pensel

strúhadlo na ceruzky

pengasah pensel

guma

pemadam

skicár

kertas lukisan

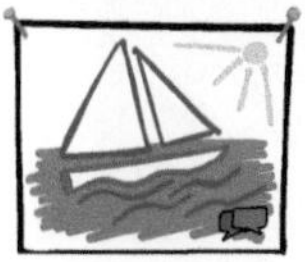

kresba
melukis

štetec
berus lukis

vodové farby
kotak warna

nožnice
gunting

lepidlo
gam

cvičný zošit
buku latihan

domáca úloha
kerja rumah

12

číslo
nombor

2+2

sčítať
tambah

5-2

odčítať
tolak

2×2

násobiť
darab

42

počítať
kira

A

písmeno
huruf

ABCDEFG
HIJKLMN
OPQRSTU
VWXYZ

abeceda
abjad

hello

slovo
kata

text

teks

čítať

baca

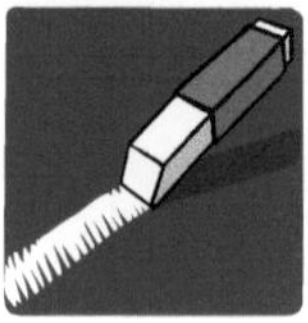

krieda

kapur

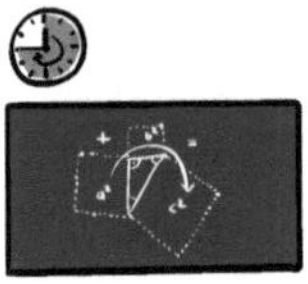

hodina

pelajaran

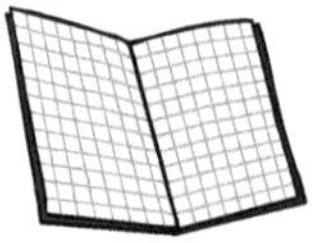

triedna kniha

daftar

skúška

peperiksaan

certifikát

sijil

školská uniforma

uniform sekolah

vzdelanie

pendidikan

encyklopédia

ensiklopedia

univerzita

universiti

mikroskop

mikroskop

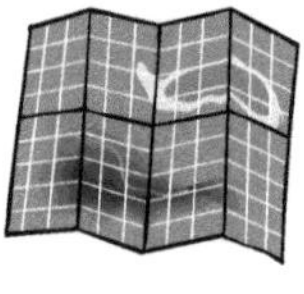

mapa

peta

kôš na papier

bakul sampah

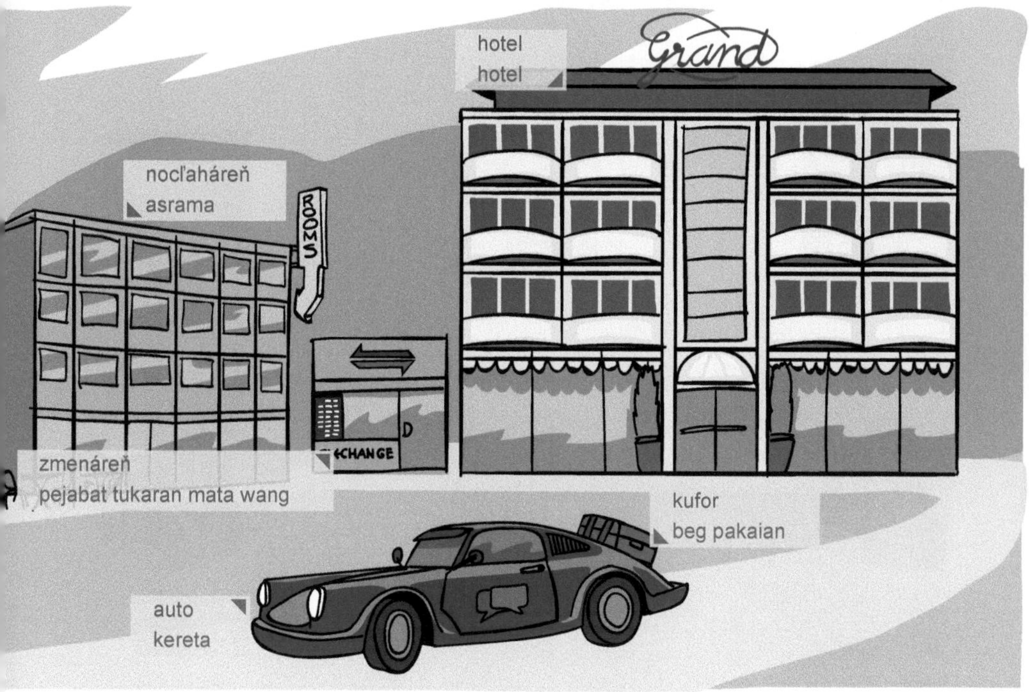
hotel
hotel
Grand
nocľaháreň
asrama
ROOMS
EXCHANGE
zmenáreň
pejabat tukaran mata wang
kufor
beg pakaian
auto
kereta

jazyk
bahasa

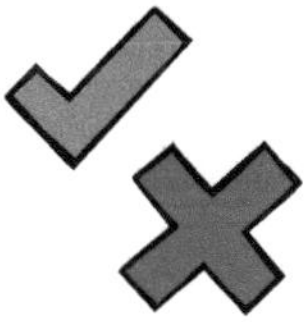

áno/nie
ya / tidak

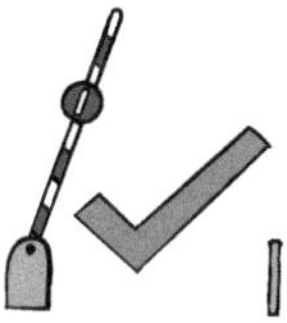

v poriadku
okey

ahoj
helo

prekladateľ
penterjemah

ďakujem
Terima kasih

Koľko stojí ... ?

berapa banyak...?

Nerozumiem

saya tidak faham

problém

masalah

Dobrý večer!

Selamat petang!

Dobré ráno!

Selamat Pagi!

Dobrú noc!

Selamat Malam!

Dovidenia

selamat tinggal

smer

arah

batožina

bagasi

taška

beg

batoh

beg galas

hosť

tetamu

izba

bilik tidur

spacák

beg tidur

stan

khemah

informácie pre turistov

maklumat pelancong

pláž

pantai

BANK XY

kreditná karta

kad kredit

raňajky

sarapan

obed

makan tengah hari

večera

makan malam

cestovný lístok

tiket

výťah

lif

70

poštová známka

setem

hranica

sempadan

clo

kastam

veľvyslanectvo

kedutaan

vízum

visa

PASSPORT

cestovný pas

pasport

doprava
pengangkutan

lietadlo
kapal terbang
loď
kapal
požiarnické auto
kereta bomba
autobus
bas
nákladné auto
trak
motorový čln
motobot
bicykel
basikal
auto
kereta

trajekt

feri

loď

bot

motorka

motosikal

policajné auto

kereta polis

pretekárske auto

kereta lumba

vozidlo z požičovne

kereta sewa

carsharing

berkongsi kereta

odťahové auto

trak tunda

smetiarske auto

trak menolak

motor

motor

benzín

bahan api

čerpacia stanica

stesen minyak

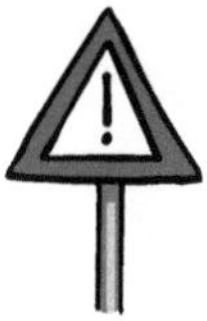

dopravná značka

tanda trafik

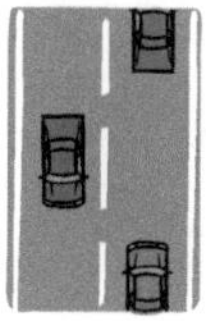

premávka

trafik

zápcha

kesesakan lalu lintas

parkovisko

tempat parkir

vlaková stanica

stesen kereta api

trate

trek

vlak

kereta api

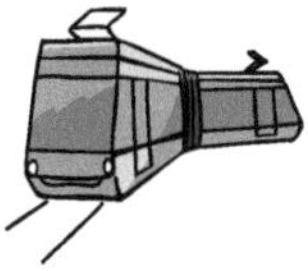

električka

trem

vagón

gerabak

helikoptéra

helikopter

letisko

lapangan terbang

veža

Menara

pasažier

penumpang

kontajner

bekas

kartón

kadbod

vozík

kart

kôš

bakul

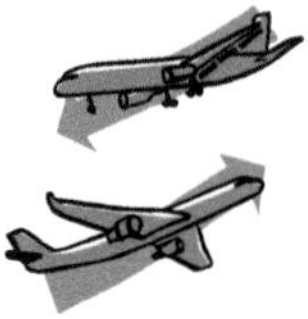

štartovať / pristáť

berlepas / mendarat

mesto
bandar

dedina

kampung

centrum mesta

pusat bandar

dom

rumah

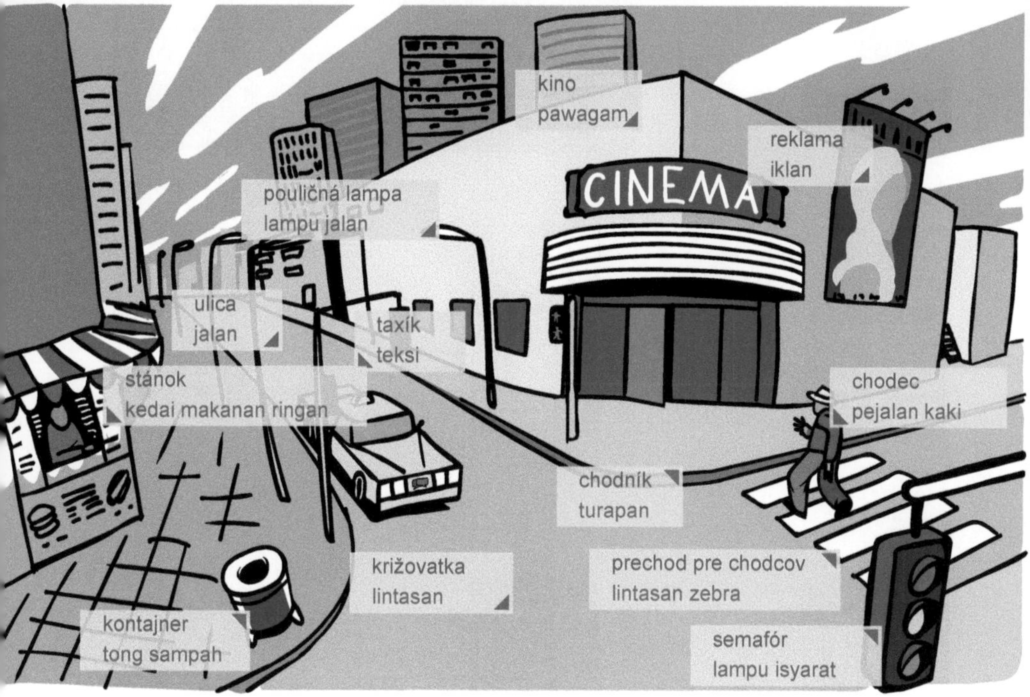
kino
pawagam
reklama
iklan
CINEMA
pouličná lampa
lampu jalan
ulica
jalan
taxík
teksi
stánok
kedai makanan ringan
chodec
pejalan kaki
chodník
turapan
križovatka
lintasan
prechod pre chodcov
lintasan zebra
kontajner
tong sampah
semafór
lampu isyarat

chata

pondok

byt

flat

vlaková stanica

stesen kereta api

radnica

dewan bandar

MUSEUM

múzeum

muzium

škola

sekolah

univerzita

universiti

BANK

banka

bank

nemocnica

hospital

Grand

hotel

hotel

GOOD FOR HEALTH

lekáreň

farmasi

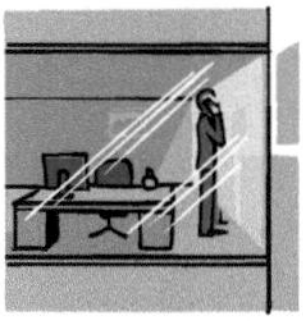

kancelária

pejabat

BOOKS
B

kníhkupectvo

kedai buku

heute billig, morgen teuer!
5
10

obchod

kedai

FLOWERS

kvetinárstvo

kedai bunga

S

supermarket

pasar raya

trh

pasaran

MALL

obchodný dom

gedung

FISH

obchodník s rybami

penjual ikan

nákupné stredisko

pusat membeli-belah

prístav

pelabuhan

park

taman

lavička

bangku

most

jambatan

schody

tangga

metro

bawah tanah

tunel

terowong

autobusová zastávka

hentian bas

bar

bar

CHEZ GERALD

reštaurácia

restoran

poštová schránka

peti surat

tabuľa s názvom ulice

papan tanda jalan

parkovacie hodiny

meter parkir

ZOO

zoo

plaváreň

kolam renang

mešita

masjid

farma

ladang

znečisťovanie životného prostredia

pencemaran

cintorín

tanah perkuburan

kostol

gereja

ihrisko

taman permainan

chrám

kuil

terén

landskap

list
daun
smerová tabuľa
tiang tanda
cesta
jalan
lúka
padang rumput
kameň
batu
turista
pejalan kaki
strom
pokok
rieka
sungai
tráva
rumput
kvet
bunga

dolina

lembah

kopec

bukit

jazero

tasik

les

hutan

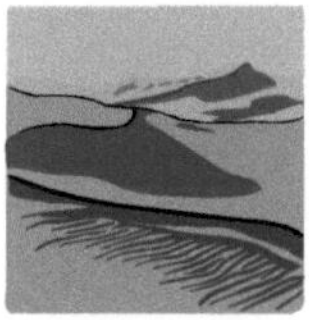

púšť

padang pasir

vulkán

gunung berapi

zámok

istana

dúha

pelangi

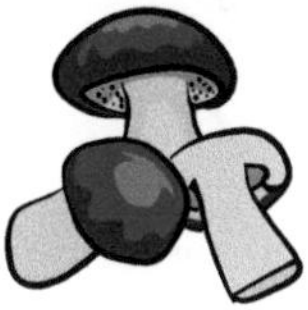

hríb

cendawan

palma

pokok kelapa sawit

komár

nyamuk

mucha

terbang

mravec

semut

včela

lebah

pavúk

labah-labah

chrobák

kumbang

žaba

katak

veverička

tupai

jež

landak

zajac

arnab

sova

burung hantu

vták

burung

labuť

angsa

diviak

babi jantan

jeleň

rusa

los

moose

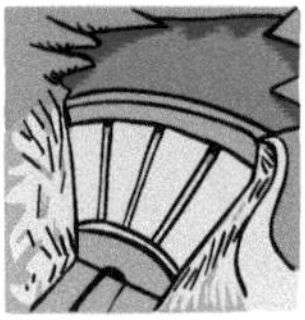

hrádza

empangan

veterná turbína

turbin angin

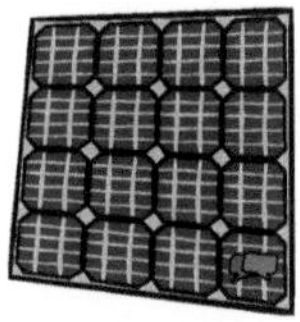

solárny panel

panel solar

podnebie

iklim

reštaurácia

restoran

čašník
pelayan
jedálny lístok
menu
stolička
kerusi
polievka
sup
pizza
piza
príbor
kutleri
obrus
alas meja

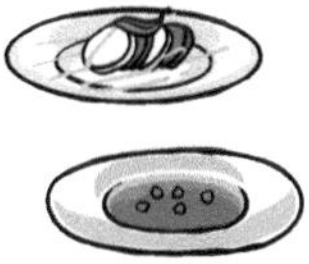

predjedlo

pemula

hlavné jedlo

hidangan utama

zákusok

pencuci mulut

nápoje

minuman

jedlo

makanan

fľaša

botol

fast-food

makanan segera

street food

makanan jalanan

kanvica na čaj

teko

cukornička

mangkuk gula

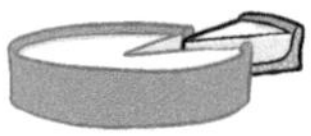

porcia

bahagian

stroj na espresso

mesin espreso

detská stolička

kerusi tinggi

účet

bil

podnos

dulang

nôž

pisau

vidlička

garfu

lyžica

sudu

čajová lyžička

sudu teh

obrúsok

serviette

pohár

gelas

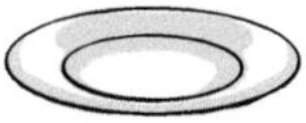

tanier
pinggan

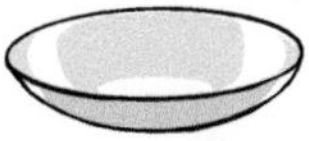

hlboký tanier
mangkuk sup

podšálka
piring

omáčka
sos

soľnička
tempat garam

mlynček na korenie
pengisar lada

ocot
cuka

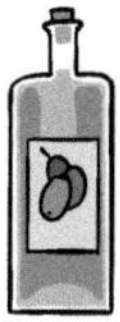

olej
minyak

korenie
rempah

kečup
sos

horčica
mustard

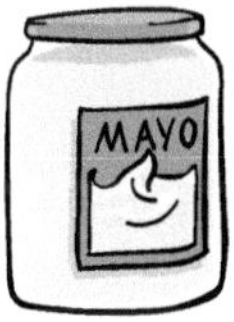
MAYO

majonéza
mayones

supermarket
pasar raya

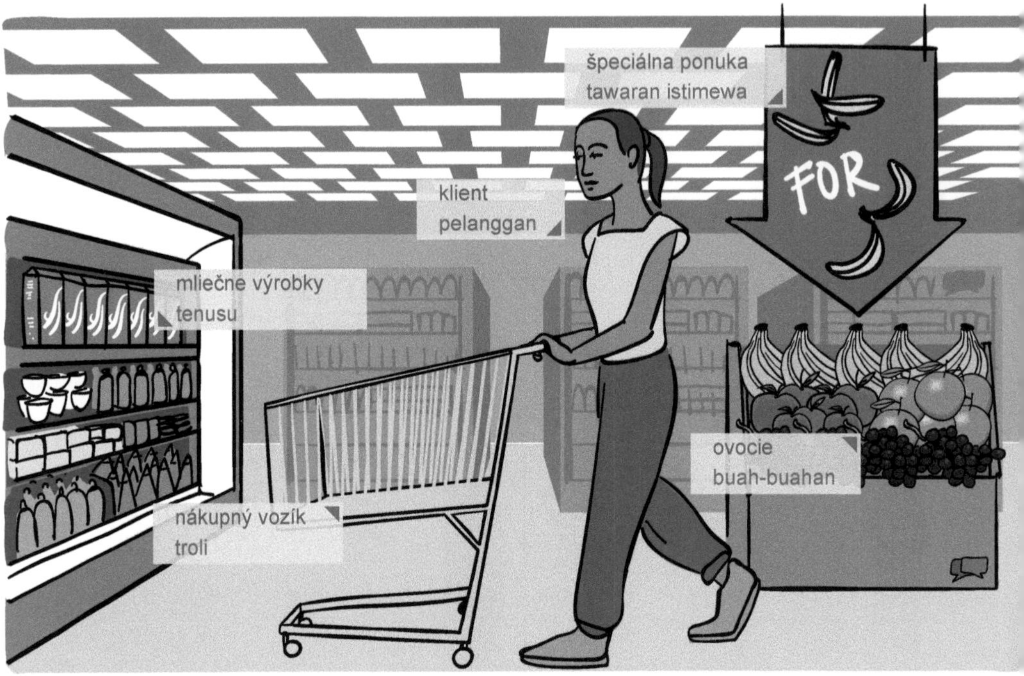

špeciálna ponuka
tawaran istimewa
FOR
klient
pelanggan
mliečne výrobky
tenusu
ovocie
buah-buahan
nákupný vozík
troli

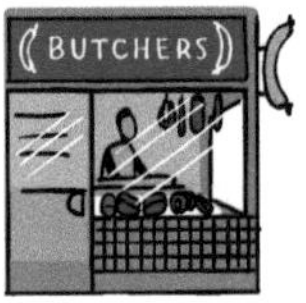

BUTCHERS

mäsiarstvo

tukang daging

BAKERY

pekáreň

kedai roti

vážiť

berat

zelenina

sayur-sayuran

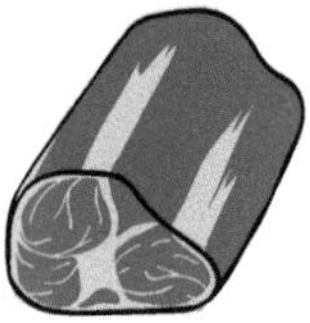

mäso

daging

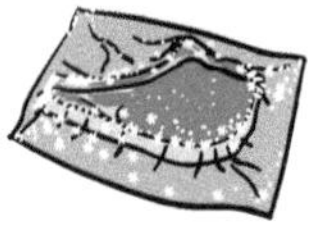

mrazené potraviny

makanan sejuk beku

nárez

daging sejuk

konzervy

makanan dalam tin

prací prostriedok

serbuk pencuci

BON
BON

sladkosti

gula-gula

domáce potreby

produk isi rumah

čistiace prostriedky

produk pembersihan

predavačka

orang jualan

pokladňa

daftar tunai

pokladník

juruwang

nákupný zoznam

senarai membeli-belah

OPEN

otváracie hodiny

waktu pembukaan

peňaženka

beg duit

BANK XY

kreditná karta

kad kredit

taška

beg

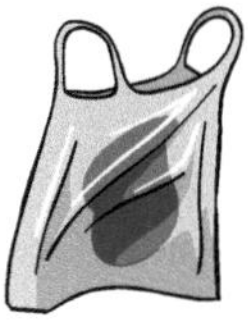

plastové vrecko

beg plastik

nápoje
minuman

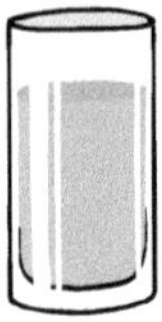

voda

air

džús

jus

mlieko

susu

kola

kola

víno

wain

pivo

bir

alkohol

alkohol

CACAO

kakao

koko

čaj

the

káva

kopi

espresso

espreso

kapučíno

kapucino

jedlo
makanan

banán

pisang

jablko

epal

pomaranč

oren

melón

tembikai

citrón

lemon

mrkva

lobak merah

cesnak

bawang putih

bambus

buluh

cibuľa

bawang

hríb

cendawan

orechy

kacang

rezance

mi

špagety

spageti

ryža

nasi

šalát

salad

hranolky

kerepek

pečené zemiaky

kentang goreng

pizza

piza

hamburger

hamburger

obložený chlebík

sandwic

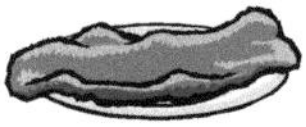

rezeň

kutlet

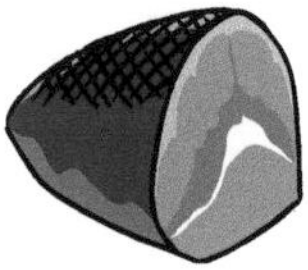

šunka

ham

saláma

salami

klobása

sosej

kurča

ayam

pečené mäso

panggang

ryba

ikan

OATS

ovsené vločky

bubur oat

MUESLI

müsli

muesli

kukuričné lupienky

emping jagung

405

múka

tepung

croissant

kroisan

pečivo

roti roll

chlieb

roti

hrianka

roti bakar

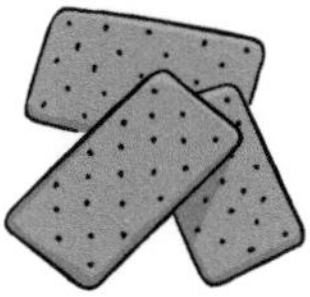

sušienky

biskut

maslo

mentega

tvaroh

dadih

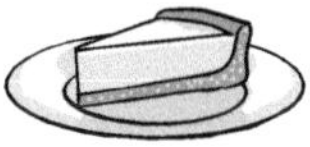

koláč

kek

vajce

telur

volské oko

telur goreng

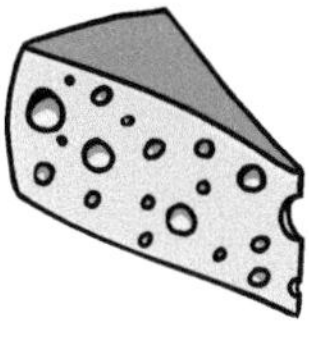

syr

keju

zmrzlina

ais krim

cukor

gula

med

madu

lekvár

jem

nugátová nátierka

krim nougat

karí korenie

kari

farma
ladang

sedliacky dom
rumah ladang
stodola
bangsal
stoch slamy
bandela jerami
pole
bidang
kôň
kuda
príves
treler
traktor
traktor
žriebä
anak kuda
somár
keldai
ovca
biri-biri
jahňa
kambing

koza
kambing

krava
lembu

teľa
anak lembu

prasa
babi

prasiatko
anak babi

býk
lembu

hus

angsa

kačica

itik

kuriatko

anak ayam

sliepka

ayam betina

kohút

ayam jantan muda

potkan

tikus

mačka

kucing

myš

tikus

vôl

lembu jantan

pes

anjing

psia búda

rumah anjing

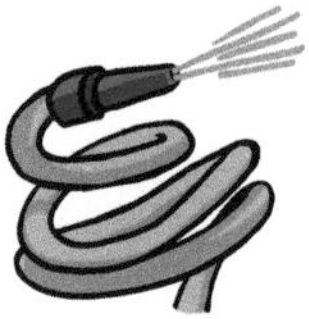

záhradná hadica

hos taman

krhla

bekas siraman

kosa

sabit

pluh

bajak

kosák

sabit

motyka

cangkul

vidly na hnoj

serampang peladang

sekera

kapak

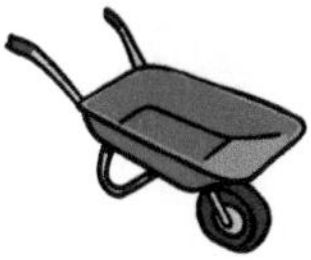

fúrik

kereta sorong

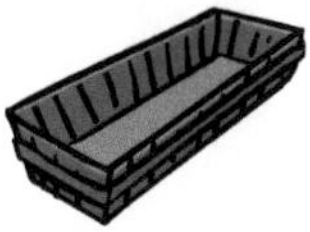

koryto

palung

kanva na mlieko

tin susu

vrece

karung

plot

pagar

maštaľ

stabil

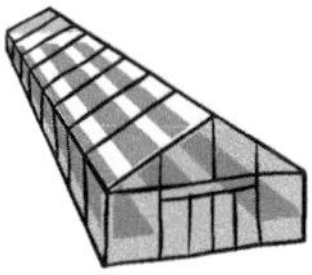

skleník

rumah hijau

pôda

tanah

osivo

benih

hnojivo

baja

kombajn

jentuai

žať

tuai

žatva

menuai

batát

keladi

pšenica

gandum

sója

soya

zemiak

kentang

kukurica

jagung

repka

biji sawi

ovocný strom

pokok buah-buahan

maniok

ubi kayu

obilie

bijirin

dom
rumah

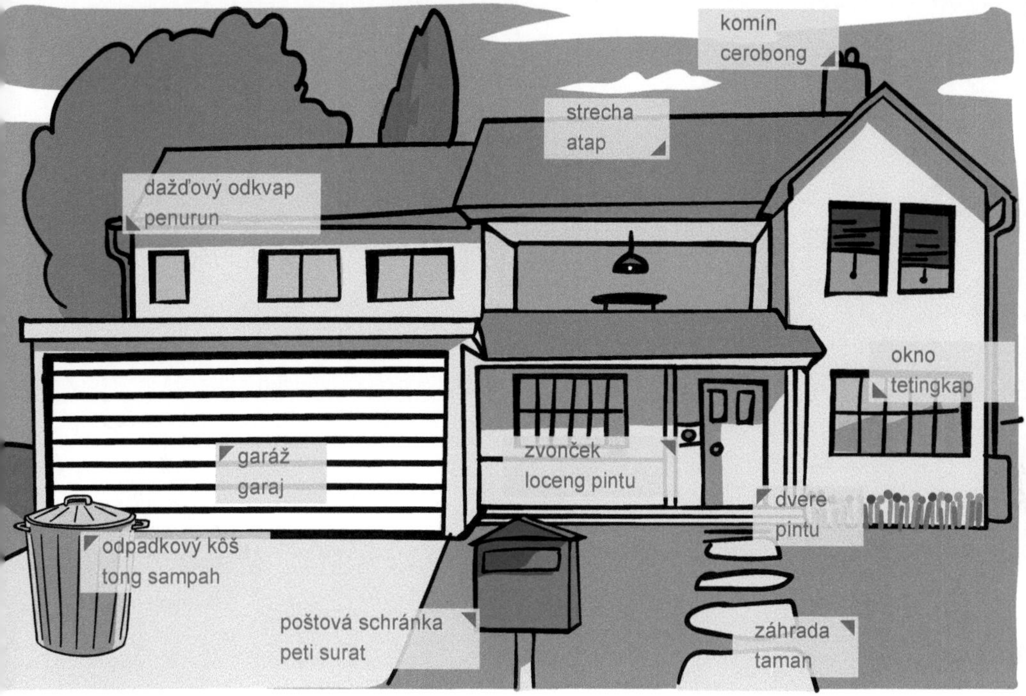

komín
cerobong
strecha
atap
dažďový odkvap
penurun
okno
tetingkap
garáž
garaj
zvonček
loceng pintu
dvere
pintu
odpadkový kôš
tong sampah
poštová schránka
peti surat
záhrada
taman

obývačka
ruang tamu

kúpeľňa
bilik air

kuchyňa
dapur

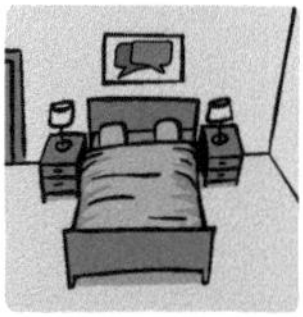

spálňa
bilik tidur

detská izba
bilik kanak-kanak

jedáleň
ruang makan

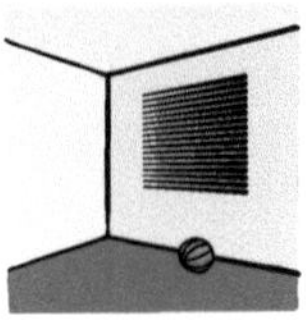

podlaha

lantai

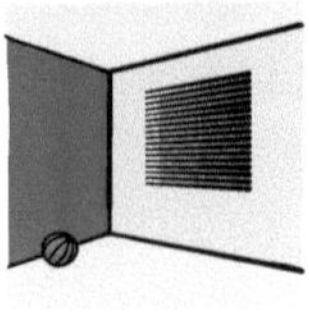

stena

dinding

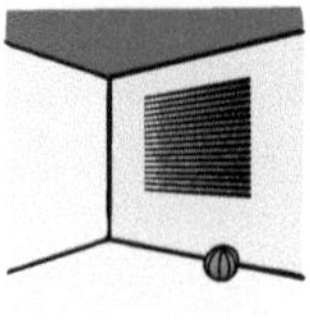

strop

siling

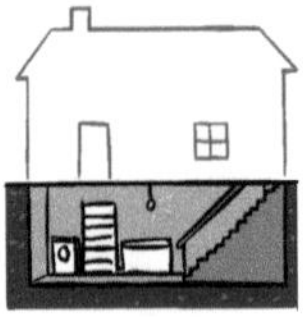

pivnica

bilik bawah tanah

sauna

sauna

balkón

balkoni

terasa

teres

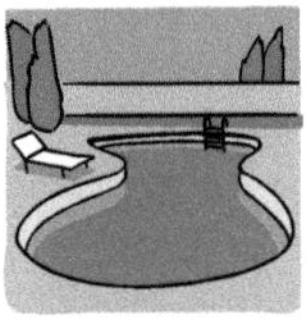

bazén

kolam renang

kosačka

pemotong rumput

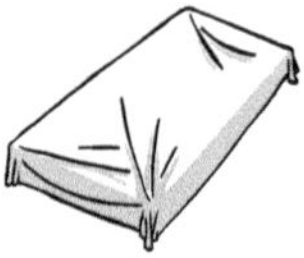

obliečka

lembaran

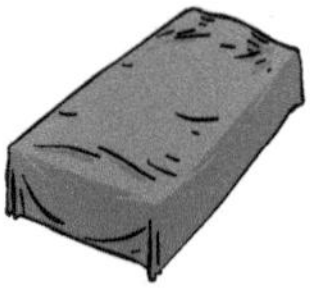

posteľná prikrývka

penutup tilam

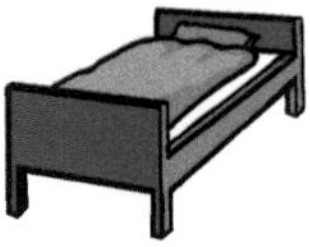

posteľ

katil

metla

penyapu

vedro

timba

vypínač

suis

obývačka

ruang tamu

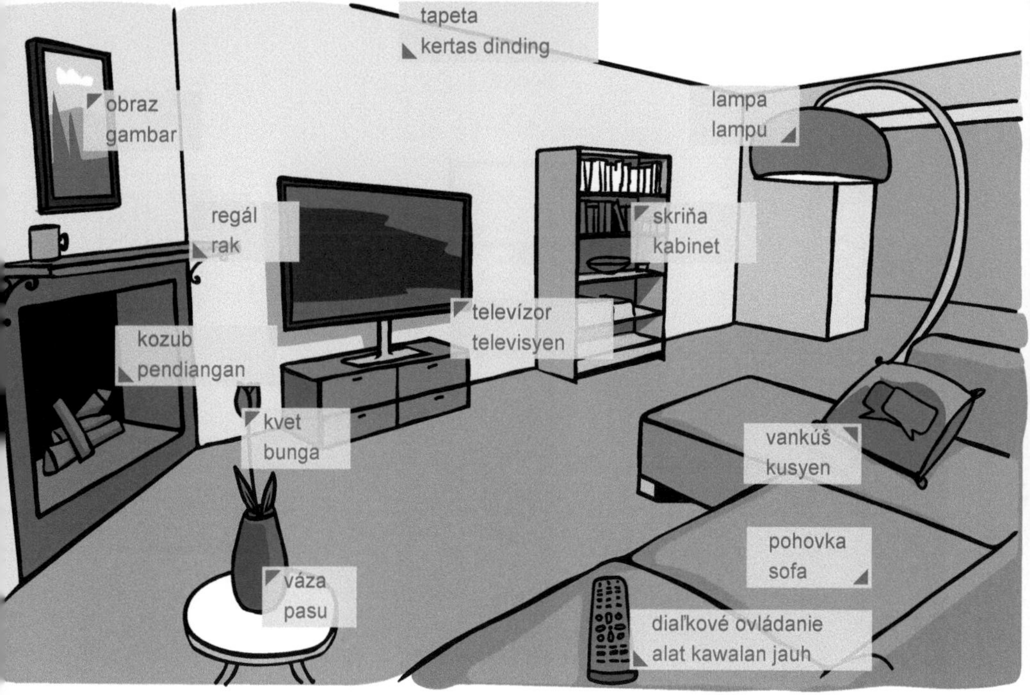
tapeta
kertas dinding
obraz
gambar
lampa
lampu
regál
rak
skriňa
kabinet
televízor
televisyen
kozub
pendiangan
kvet
bunga
vankúš
kusyen
pohovka
sofa
váza
pasu
diaľkové ovládanie
alat kawalan jauh

koberec

permaidani

záclona

tirai

stôl

meja

stolička

kerusi

hojdacie kreslo

kerusi malas

kreslo

kerusi

kniha

buku

prikrývka

selimut

dekorácia

hiasan

drevo na kúrenie

kayu api

film

filem

hi-fi veža

hi-fi

kľúč

kunci

noviny

akhbar

maľba

lukisan

plagát

poster

rádio

radio

zápisník

buku catatan

vysávač

penyedut habuk

kaktus

kaktus

sviečka

lilin

kuchyňa
dapur

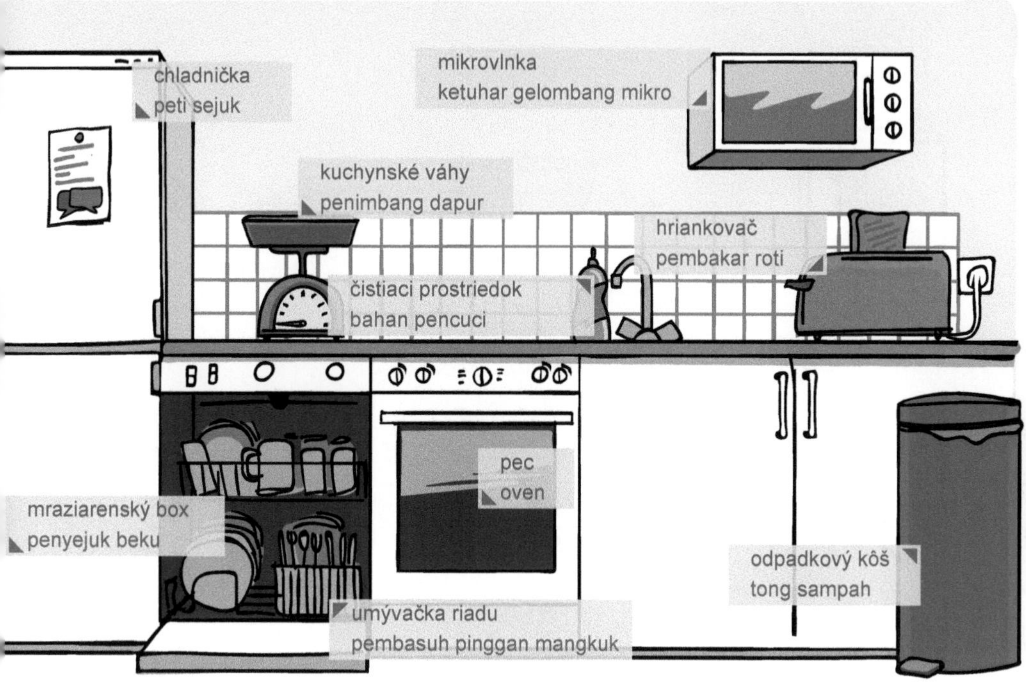
chladnička
peti sejuk
mikrovlnka
ketuhar gelombang mikro
kuchynské váhy
penimbang dapur
hriankovač
pembakar roti
čistiaci prostriedok
bahan pencuci
pec
oven
mraziarenský box
penyejuk beku
odpadkový kôš
tong sampah
umývačka riadu
pembasuh pinggan mangkuk

sporák
periuk dapur

hrniec
periuk

železný hrniec
periuk besi

wok / kadai
kuali

panvica
pan

rýchlovarná kanvica
cerek

parný hrniec

pengukus

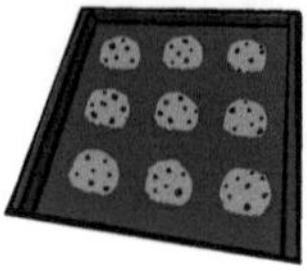

plech na pečenie

dulang pembakar

riad

pinggan mangkuk

pohár

koleh

misa

mangkuk

paličky

penyepit

naberačka na polievku

senduk

stierka

spatula

metlička

pengadun

cedidlo

penapis

sitko

ayak

strúhadlo

pemarut

mažiar

mortar

gril

barbeku

ohnisko

pembakaran terbuka

doska na krájanie

papan pencincang

valček na cesto

pin golekan

vývrtka

skru gabus

konzerva

tin

otvárač na konzervy

pembuka tin

chňapka

pemegang periuk

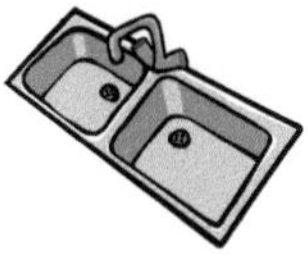

výlevka

sinki

kefa

berus

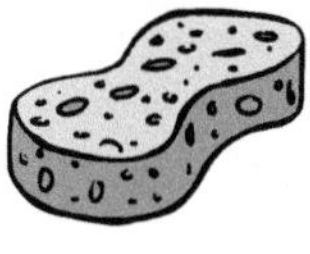

hubka

span

mixér

pengisar

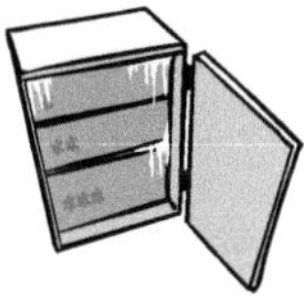

mraznička

penyejuk beku

kojenecká fľaša

botol bayi

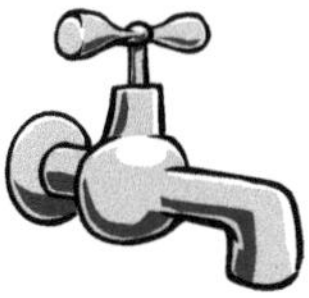

vodovodný kohútik

paip

kúpeľňa
bilik air

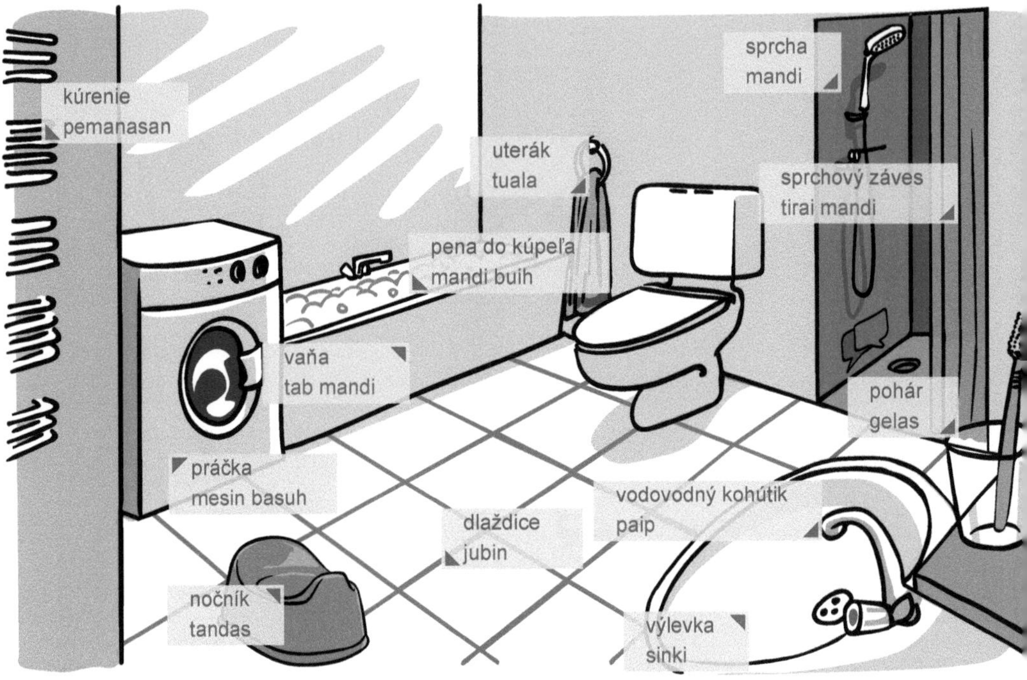

kúrenie
pemanasan
uterák
tuala
sprcha
mandi
sprchový záves
tirai mandi
pena do kúpeľa
mandi buih
vaňa
tab mandi
pohár
gelas
práčka
mesin basuh
vodovodný kohútik
paip
dlaždice
jubin
nočník
tandas
výlevka
sinki

záchod

tandas

suchý záchod

tandas mencangkung

bidet

mangkuk tandas

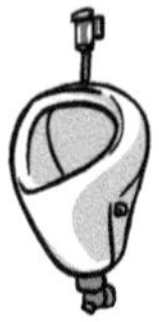

pisoár

tandas awam

toaletný papier

kertas tandas

záchodová kefa

berus tandas

zubná kefka

berus gigi

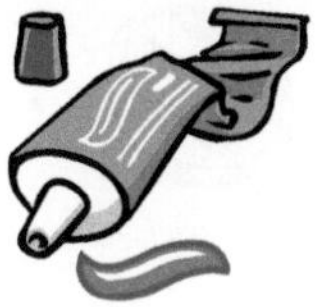

zubná pasta

ubat gigi

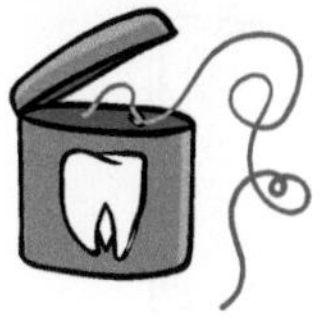

dentálna niť

flos gigi

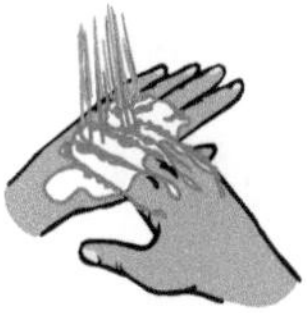

umývať

cuci

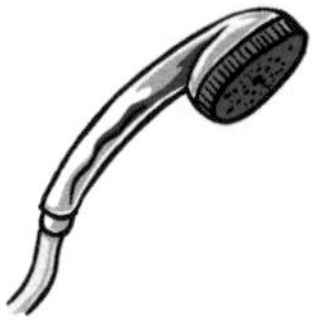

ručná sprcha

mandian tangan

sprcha pre intímnu hygienu

pancuran

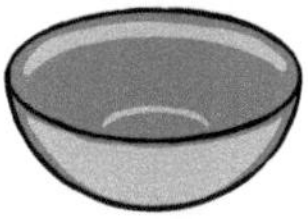

umývadlo

besen

kefa na chrbát

belakang berus

mydlo

sabun

sprchový gél

gel mandian

šampón

syampu

frotírová rukavica

flanel

odtok

longkang

krém

krim

dezodorant

deodoran

zrkadlo

cermin

kozmetické zrkadlo

cermin tangan

žiletka

pisau cukur

pena na holenie

busa cukur

voda po holení

selepas cukur

hrebeň

sikat

kefa

berus

sušič vlasov

pengering rambut

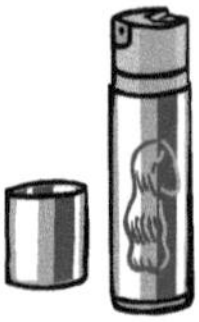

sprej na vlasy

semburan rambut

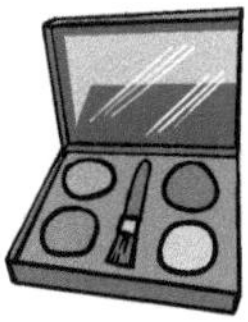

make-up

mekap

rúž

gincu

lak na nechty

varnis kuku

vata

bulu kapas

nožnice na nechty

gunting kuku

parfum

pewangi

kozmetická taška

beg basuhan

stolček

bangku

váha

skala berat

kúpací plášť

jubah mandi

gumové rukavice

sarung tangan getah

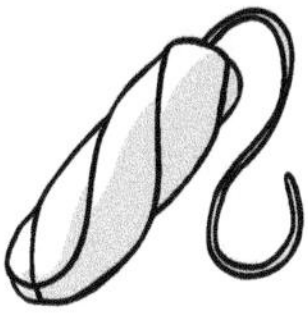

tampón

kapas

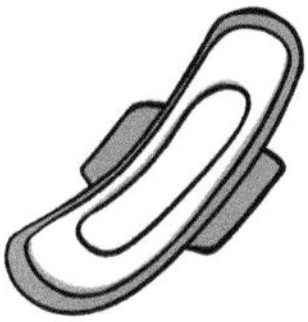

menštruačná vložka

tuala wanita

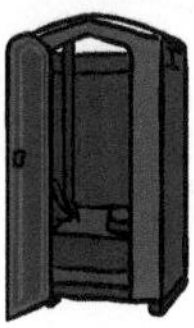

chemické WC

tandas kimia

detská izba
bilik kanak-kanak

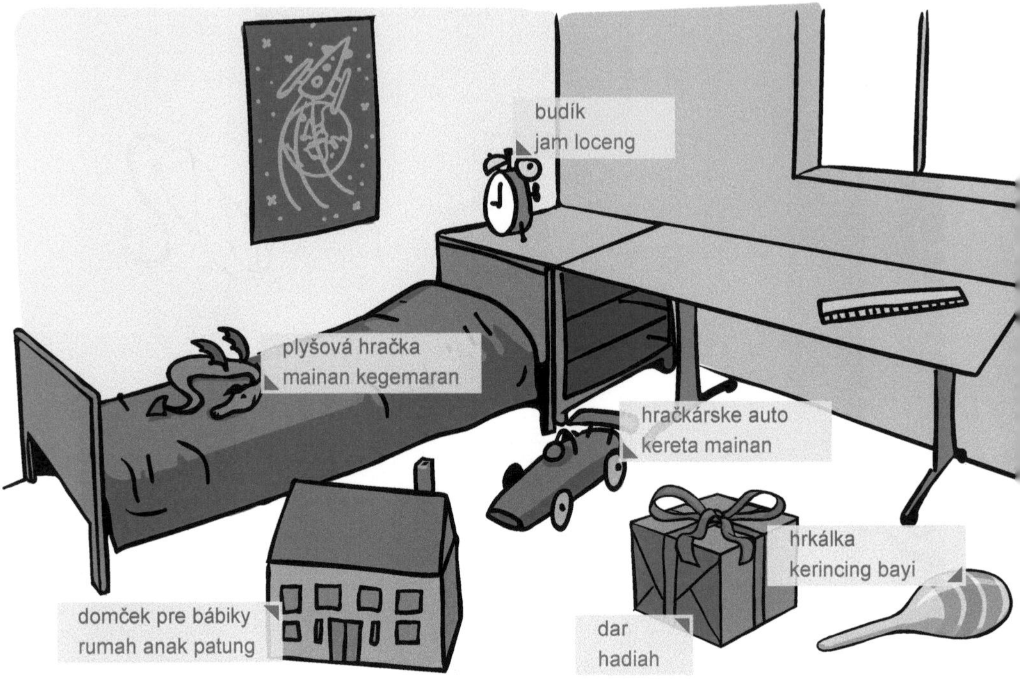
budík
jam loceng
plyšová hračka
mainan kegemaran
hračkárske auto
kereta mainan
hrkálka
kerincing bayi
domček pre bábiky
rumah anak patung
dar
hadiah

balón
belon

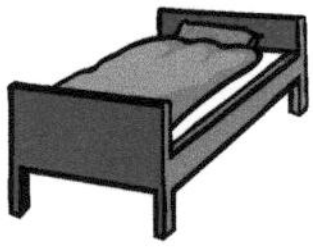

posteľ
katil

detský kočík
kereta sorong bayi

karty
set kad

puzzle
susun suai gambar

komix
komik

skladačka lego

batu bata lego

stavebnica

blok mainan

akčná postavička

figura aksi

dupačky

baju bayi

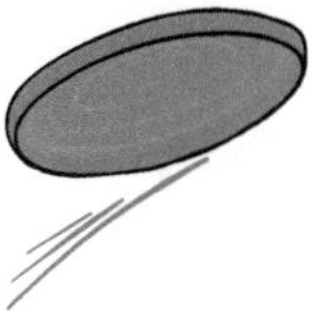

lietajúci tanier

frisbee

závesné hračky

mainan bayi mudah alih

stolová hra

permainan papan

kocka

dadu

modelový vláčik

set model kereta api

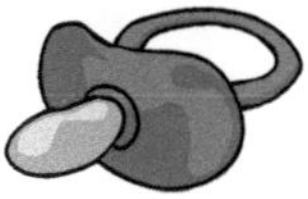

cumlík

palsu

párty

parti

obrázková kniha

buku bergambar

lopta

bola

bábika

anak patung

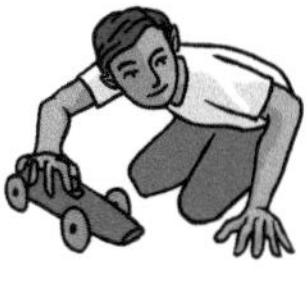

hrať sa

main

pieskovisko

lubang pasir

hojdačka

buai

hračky

mainan

hracia konzola

konsol permainan video

trojkolka

basikal roda tiga

medvedík

anak patung beruang

šatník

almari pakaian

šatstvo

pakaian

ponožky

stoking

pančuchy

stoking

pančuchové nohavičky

ketat

šál
skarf

dáždnik
payung

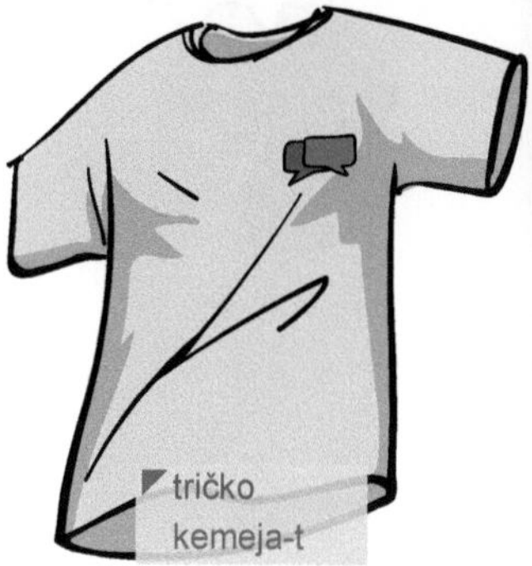
tričko
kemeja-t

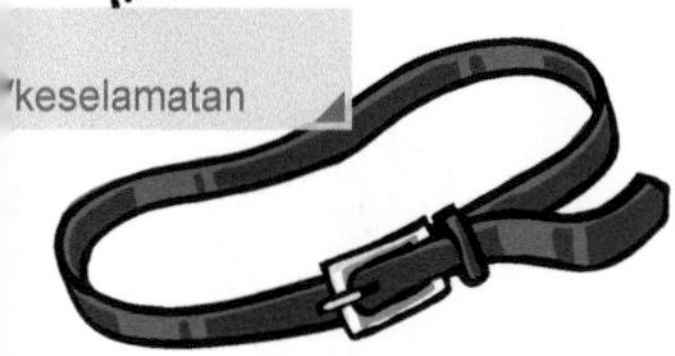
keselamatan

tenisky
kasut sukan

čižmy
but

papuče
selipar

sandále
sandal

topánky
kasut

gumáky
but getah

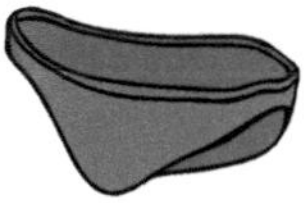

spodky
seluar dalam

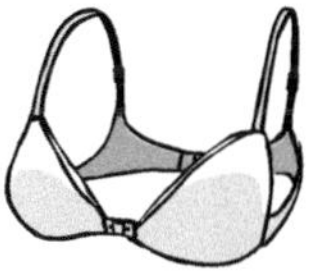

podprsenka
coli

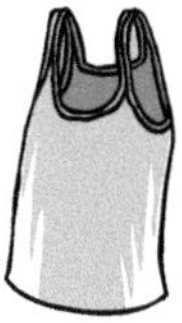

tielko
ves

body

badan

nohavice

Seluar panjang

džínsy

jean

sukňa

skirt

blúzka

blaus

košeľa

kemeja

pulóver

baju panas sarung

sveter

sweater

blejzer

blazer

bunda

jaket

kabát

kot

pršiplášť

baju hujan

kostým

kostum

šaty

pakaian

svadobné šaty

baju pengantin

oblek
....
sut

nočná košeľa
....
baju tidur

pyžamo
....
baju tidur

sari
....
sari

šatka na hlavu
....
skarf kepala

turban
....
serban

burka
....
burqa

kaftan
....
kaftan

abaja
....
abaya/jubah

dvojdielne plavky
....
baju renang

plavky
....
seluar renang

šortky
....
seluar pendek

tepláková súprava
....
sut balapan

zástera
....
apron

rukavice
....
sarung tangan

gombík
butang

okuliare
cermin mata

náramok
gelang tangan

retiazka
rantai leher

prsteň
cincin

náušnica
subang

čiapka
topi

vešiak
penyangkut kot

klobúk
topi

kravata
tali leher

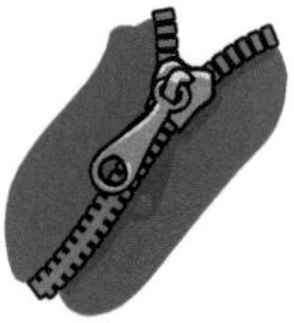

zips
zip

prilba
topi keledar

traky
pendakap

školská uniforma
uniform sekolah

uniforma
seragam

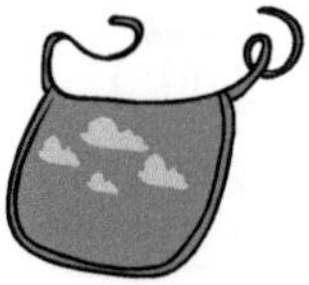

podbradník

lapik dada

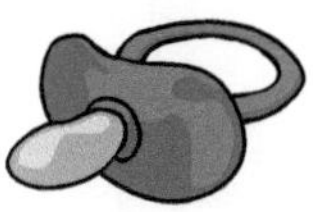

cumlík

palsu

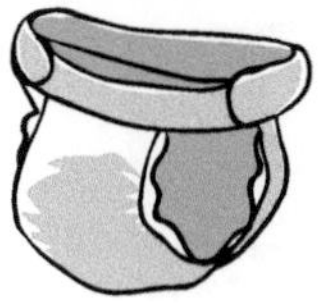

plienka

lampin

kancelária
pejabat

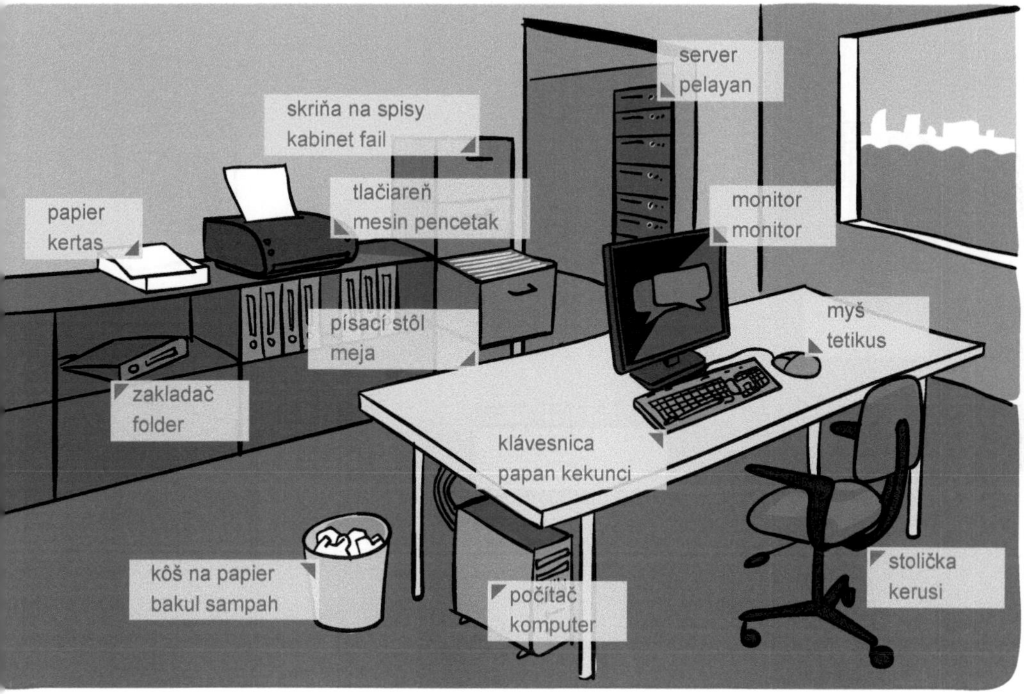
server
pelayan
skriňa na spisy
kabinet fail
tlačiareň
mesin pencetak
papier
kertas
monitor
monitor
myš
tetikus
písací stôl
meja
zakladač
folder
klávesnica
papan kekunci
kôš na papier
bakul sampah
počítač
komputer
stolička
kerusi

hrnček na kávu

cawan kopi

kalkulačka

kalkulator

internet

internet

laptop

komputer riba

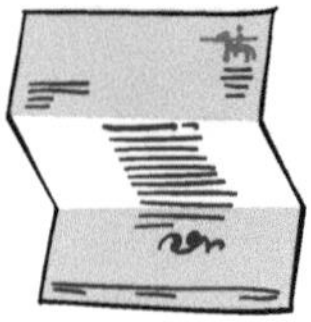

list

surat

správa

mesej

mobil

mudah alih

sieť

rangkaian

kopírka

mesin fotokopi

softvér

perisian

telefón

telefon

elektrická zásuvka

soket plag

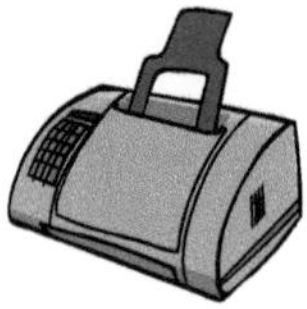

fax

mesin faks

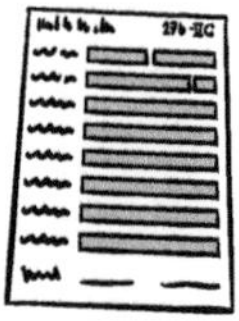

formulár

bentuk

doklad

dokumen

hospodárstvo
ekonomi

kúpiť

beli

platiť

bayar

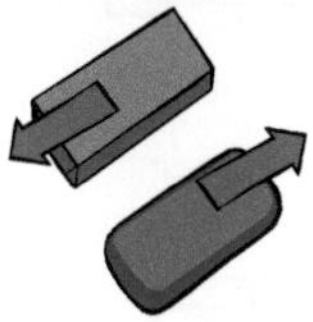

obchodovať

berdagang

peniaze

wang

USD

dolár

dolar

EUR

euro

euro

JPY

jen

yen

RUB

rubeľ

rubel

CHF

švajčiarsky frank

franc swiss

CNY

čínsky jüan

renminbi yuan

INR

rupia

rupee

ATM

bankomat

mata tunai

zmenáreň

pejabat tukaran mata wang

zlato

emas

striebro

perak

ropa

minyak

energia

tenaga

36€

cena

harga

zmluva

kontrak

daň

cukai

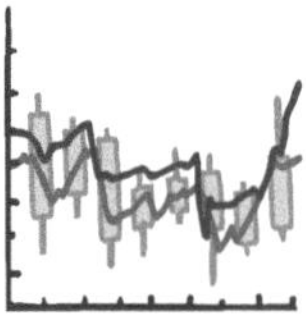

akcia

stok

pracovať

kerja

zamestnanec

pekerja

zamestnávateľ

majikan

továreň

kilang

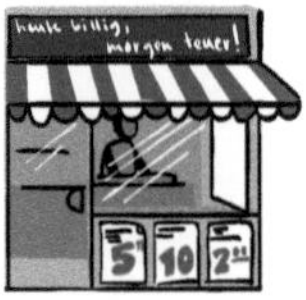

obchod

kedai

povolania
pekerjaan

policajt
pegawai polis
hasič
ahli bomba
kuchár
tukang masak
lekár
doktor
pilót
juruterbang

záhradník

tukang kebun

stolár

tukang kayu

krajčírka

tukang jahit

sudca

hakim

chemik

ahli kimia

herec

pelakon

vodič autobusu

pemandu bas

taxikár

pemandu teksi

rybár

nelayan

upratovačka

wanita pencuci

pokrývač

kasau

čašník

pelayan

poľovník

pemburu

maliar

pelukis

pekár

bakeri

elektrikár

juruelektrik

stavebný robotník

pembangun

inžinier

jurutera

mäsiar

penjual daging

klampiar

tukang paip

poštár

posmen

vojak

askar

architekt

arkitek

pokladník

juruwang

kvetinár

kedai bunga

kaderník

pendandan rambut

sprievodca

konduktor

mechanik

mekanik

kapitán

kapten

zubár

doktor gigi

vedec

ahli sains

rabín

tuhanku

imám

imam

mních

sami

farár

paderi

náradie
alat

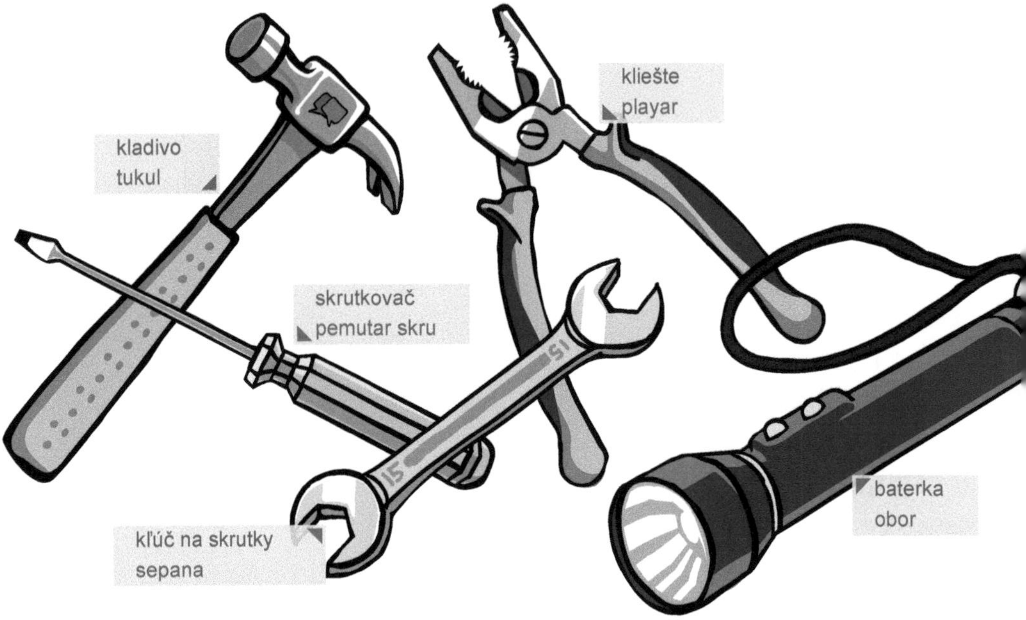
kladivo
tukul
kliešte
playar
skrutkovač
pemutar skru
kľúč na skrutky
sepana
baterka
obor

bager
pengorek

súprava náradia
kotak peralatan

rebrík
tangga

pílka
gergaji

klince
kuku

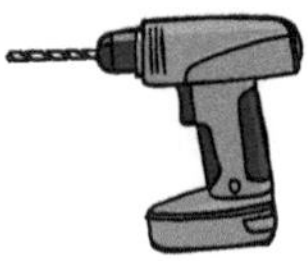

vrták
gerudi

opraviť baiki	lopata penyodok	Do čerta! Celaka!
		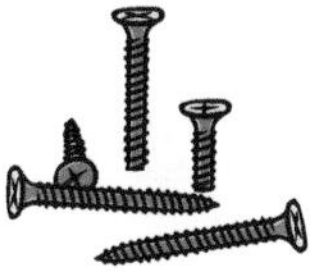
lopatka na smeti penadah sampah	nádoba s farbou periuk cat	skrutky skru

hudobné nástroje

alat muzik

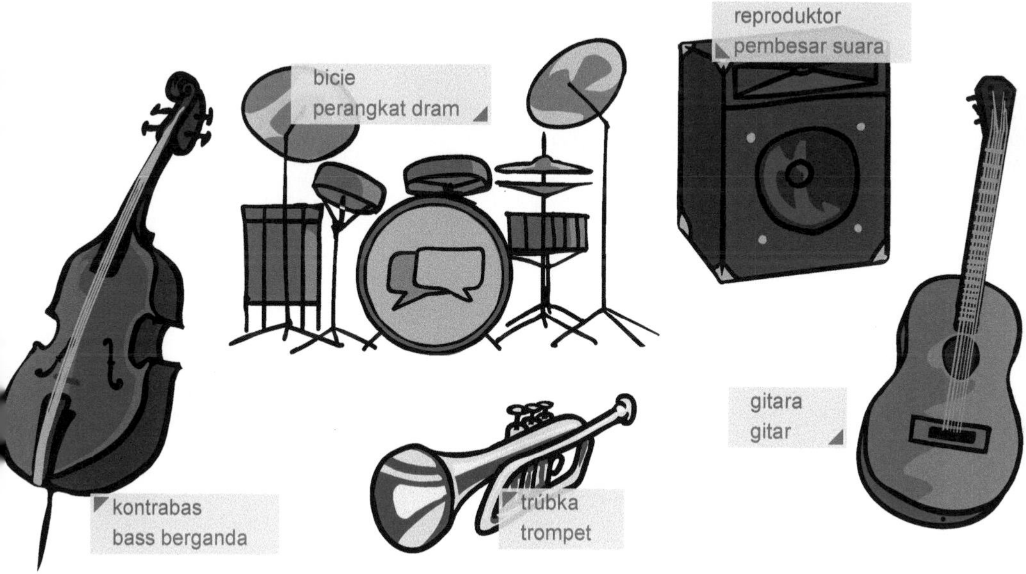
reproduktor
pembesar suara
bicie
perangkat dram
gitara
gitar
kontrabas
bass berganda
trúbka
trompet

klavír

piano

husle

biola

basa

bass

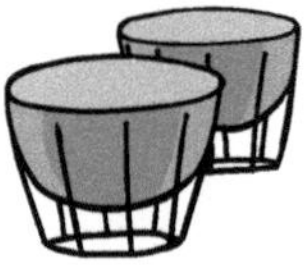

tympany

timpani

bubon

dram

klávesnica

papan kekunci

saxofón

saksofon

flauta

seruling

mikrofón

mikrofon

ZOO

ZOO

vstup
pintu masuk
tiger
harimau
klietka
sangkar
zebra
zebra
krmivo pre zver
makanan haiwan
panda
panda

zvieratá

haiwan

slon

gajah

klokan

kanggaru

nosorožec

badak sumbu

gorila

gorila

medveď

beruang

ťava

unta

pštros

burung unta

lev

singa

opica

monyet

plameniak

flamingo

papagáj

nuri

ľadový medveď

beruang kutub

tučniak

penguin

žralok

yu

páv

merak

had

ular

krokodíl

buaya

ošetrovateľ v ZOO

penjaga zoo

tuleň

anjing laut

jaguár

jaguar

poník

kuda

leopard

harimau

hroch

badak air

žirafa

zirafah

orol

helang

diviak

babi jantan

ryba

ikan

korytnačka

penyu

mrož

anjing laut

líška

musang

gazela

rusa

šport
sukan

americký futbal
bola sepak Amerika
cyklistika
berbasikal
tenis
tenis
basketbal
bola keranjang
plávanie
renang
hokej
hoki ais
box
tinju

futbal
bola sepak

bedminton
badminton

ľahká atletika
olahraga

hádzaná
bola baling

lyžovanie
ski

pólo
polo

smiať sa
ketawa
skočiť
lompat
objať
peluk
chodiť
berjalan
spievať
menyanyi
snívať
mimpi
modliť sa
berdoa
pobozkať
cium

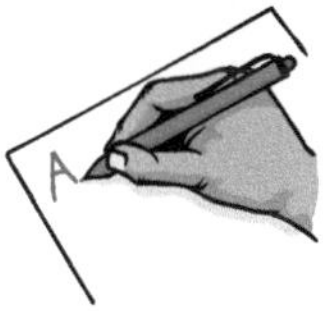

písať

tulis

kresliť

lukis

ukázať

tunjuk

tlačiť

tolak

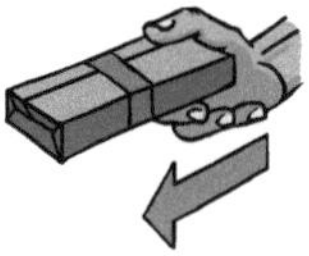

dať

beri

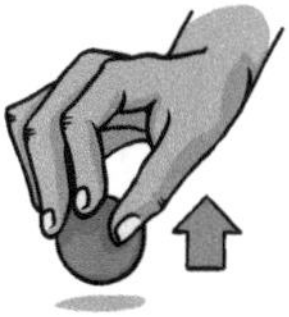

brať

ambil

mať

ada

robiť

buat

byť

ialah

stáť

berdiri

bežať

lari

ťahať

tarik

hádzať

buang

padnúť

jatuh

ležať

tipu

čakať

tunggu

nosiť

bawa

sedieť

duduk

obliecť sa

pakai

spať

tidur

zobudiť sa

bangkit

pozerať

lihat pada

plakať

menangis

hladkať

strok

česať

sikat

hovoriť

cakap

rozumieť

faham

?

pýtať sa

tanya

počuť

dengar

piť

minum

jesť

makan

upratať

mengemas

milovať

sayang

variť

masak

jazdiť

pandu

letieť

terbang

plachtiť

belayar

počítať

kira

čítať

baca

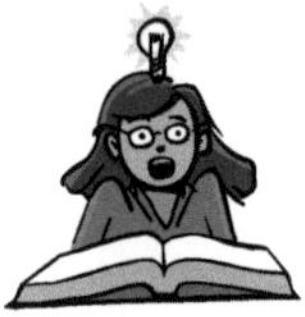

učiť sa

belajar

pracovať

kerja

oženiť

nikah

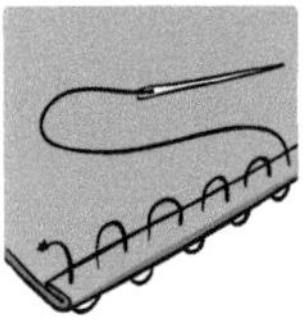

šiť

jahit

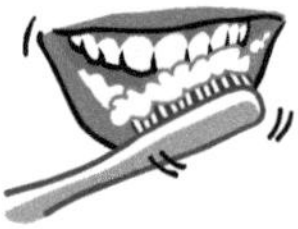

čistiť zuby

memberus gigi

zabiť

bunuh

fajčiť

asap

poslať

hantar

rodina
keluarga

stará mama
nenek
starý otec
datuk
otec
bapa
mama
ibu
bábo
bayi
dcéra
anak perempuan
syn
anak lelaki

hosť

tetamu

teta

mak cik

strýko

pak cik

brat

abang

sestra

kakak

telo
badan

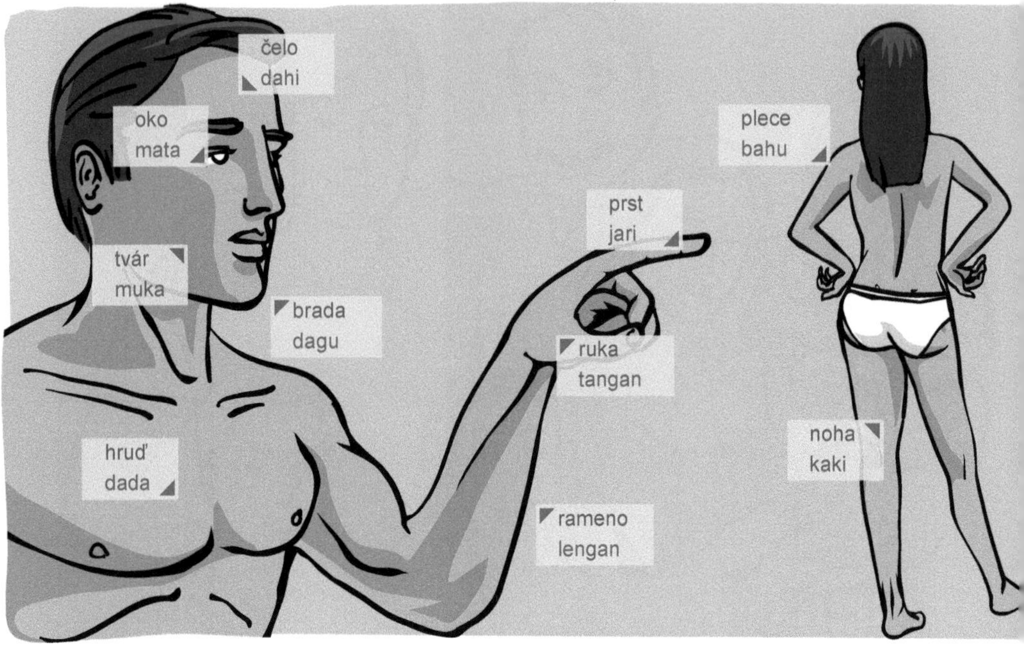
čelo
dahi
oko
mata
plece
bahu
prst
jari
tvár
muka
brada
dagu
ruka
tangan
noha
kaki
hruď
dada
rameno
lengan

bábo
bayi

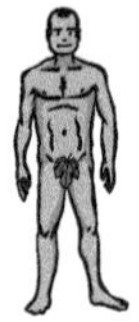
muž
lelaki

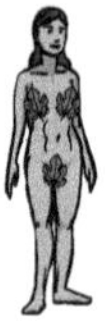
žena
wanita

dievča
perempuan

chlapec
lelaki

hlava
kepala

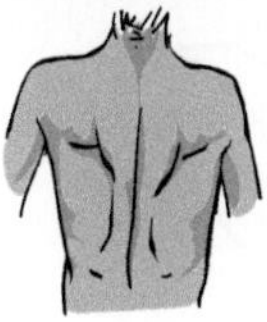

chrbát

belakang

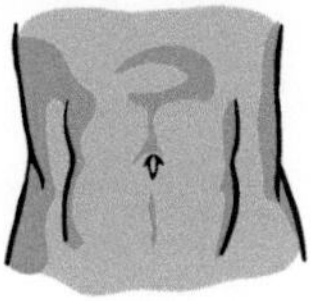

brucho

bawah perut

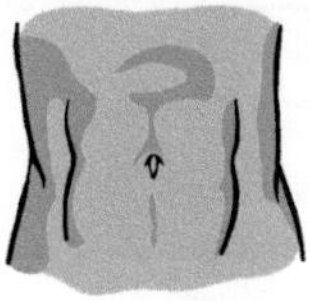

pupok

pusat

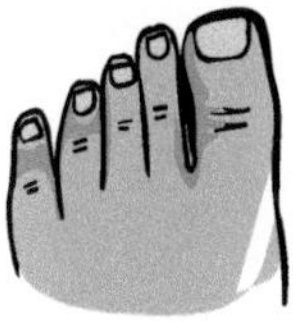

prst na nohe

jari kaki

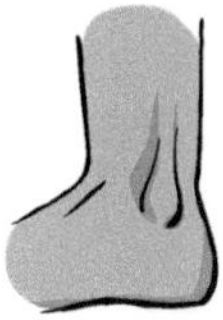

päta

tumit

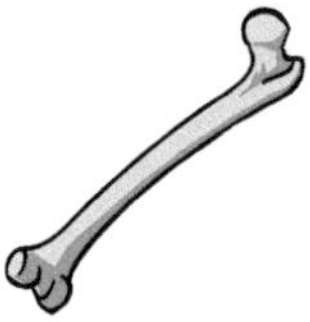

kosť

tulang

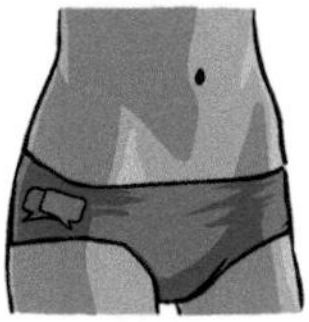

bok

pinggul

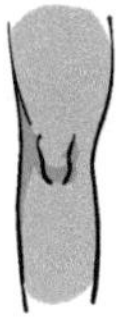

koleno

lutut

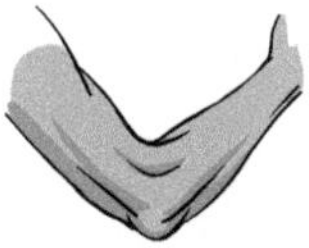

lakeť

siku

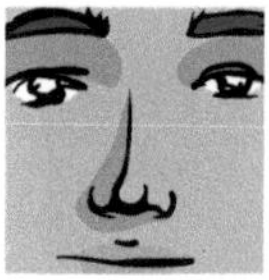

nos

hidung

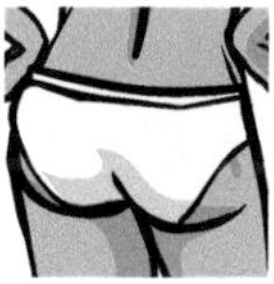

zadok

bawah

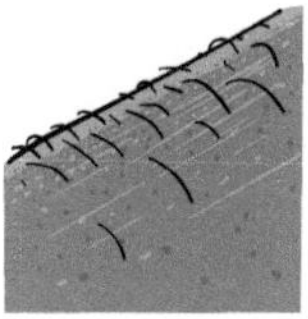

koža

kulit

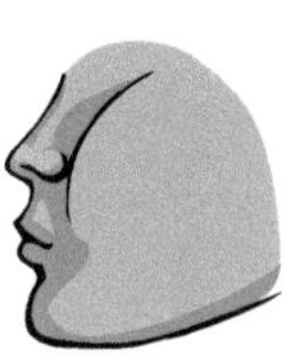

líce

pipi

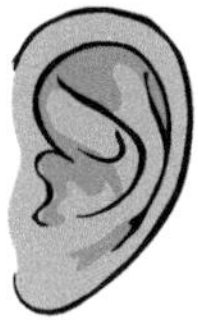

ucho

telinga

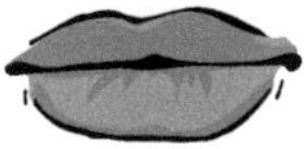

pery

bibir

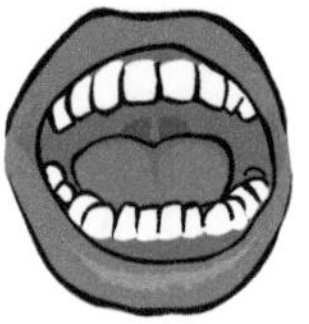

ústa
mulut

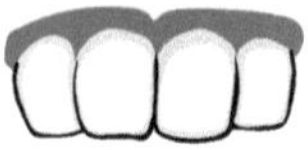

zub
gigi

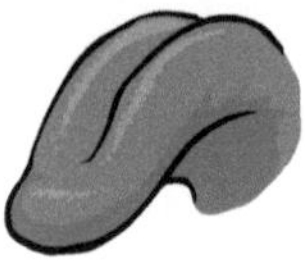

jazyk
lidah

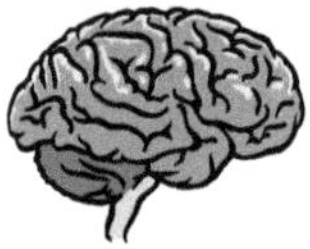

mozog
otak

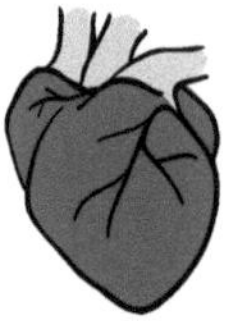

srdce
hati

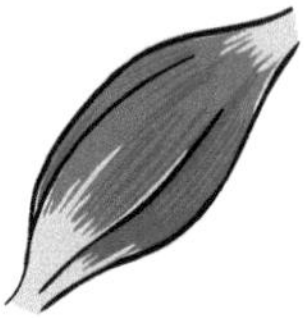

svaly
otot

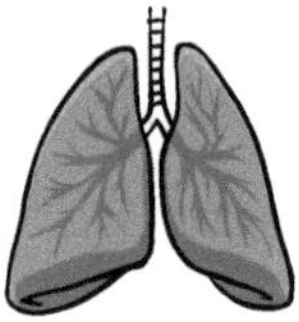

pľúca
paru-paru

pečeň
hati

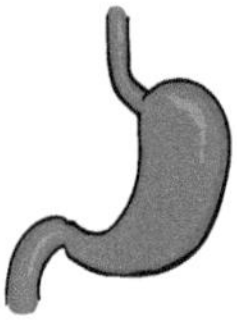

žalúdok
perut

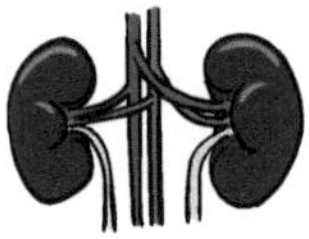

obličky
buah pinggang

pohlavný styk
seks

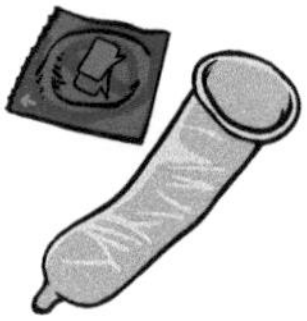

kondóm
kondom

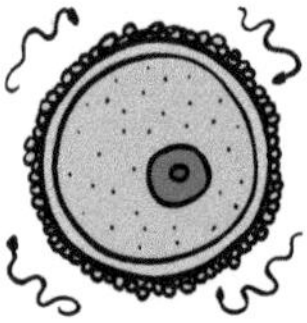

vaječná bunka
faraj

semeno
mani

tehotenstvo
mengandung

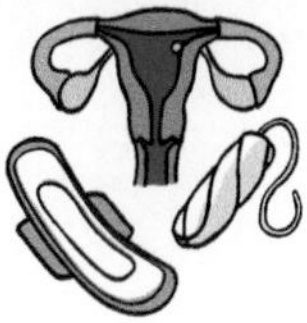

menštruácia

haid

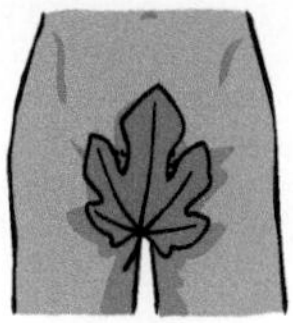

vagína

faraj

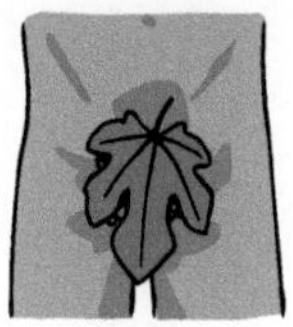

penis

penis

obočie

kening

vlasy

rambut

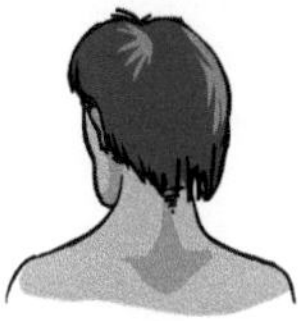

krk

leher

nemocnica
hospital

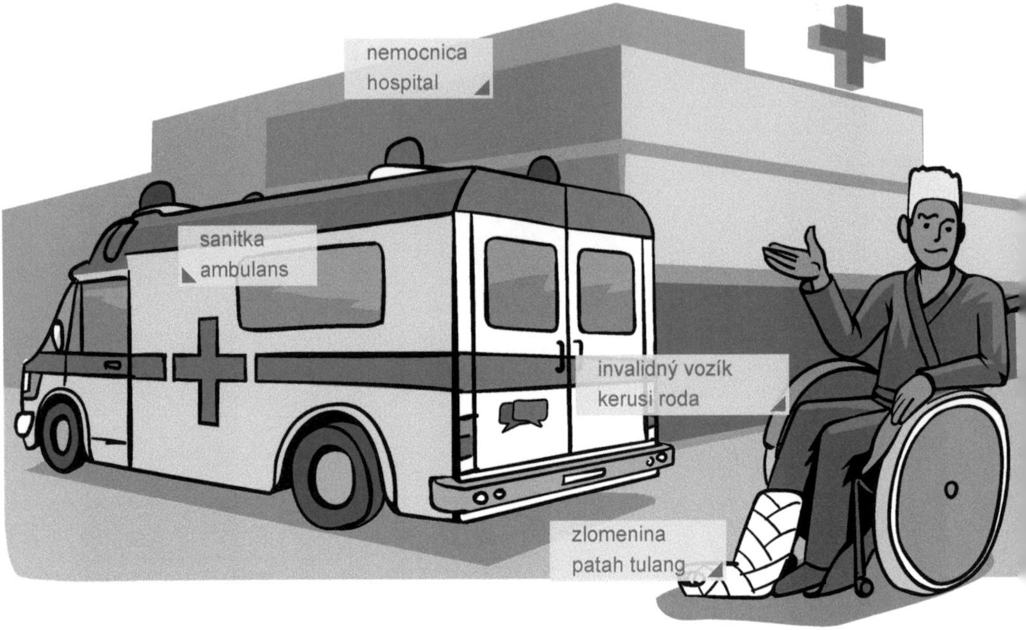

nemocnica
hospital
sanitka
ambulans
invalidný vozík
kerusi roda
zlomenina
patah tulang

lekár
doktor

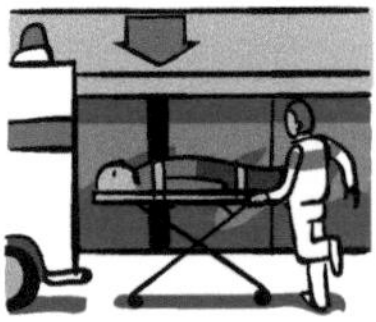

urgentný príjem
bilik kecemasan

sestrička
jururawat

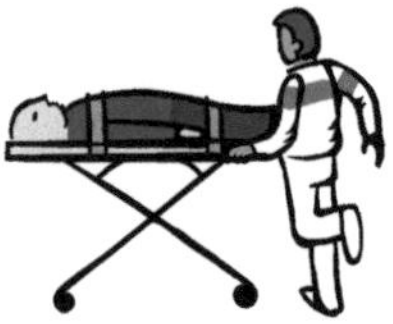

urgentný prípad
kecemasan

v bezvedomí
tak sedar

bolesť
sakit

zranenie

kecederaan

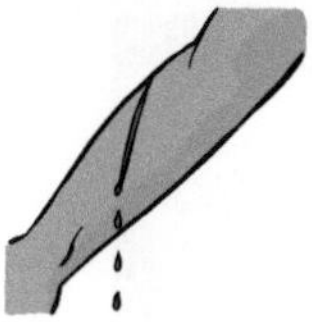

krvácanie

pendarahan

srdcový infarkt

serangan jantung

mozgová porážka

strok

alergia

alergi

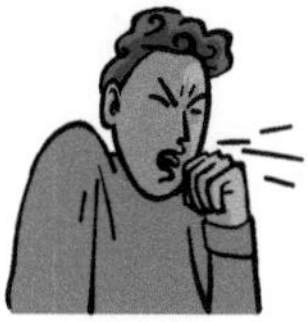

kašeľ

batuk

teplota

demam

chrípka

selesema

hnačka

cirit-birit

bolesť hlavy

sakit kepala

rakovina

kanser

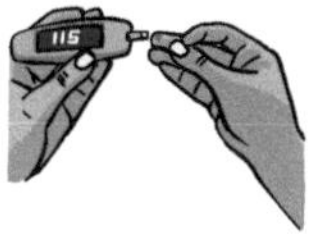
115

cukrovka

diabetes

chirurg

pakar bedah

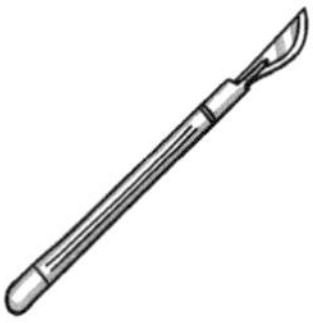

skalpel

pisau bedah

operácia

pembedahan

CT

CT

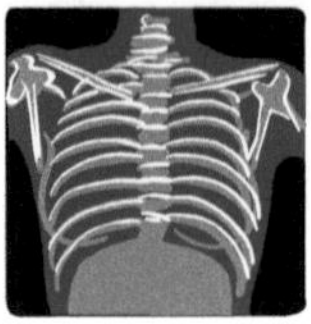

RTG

x-ray

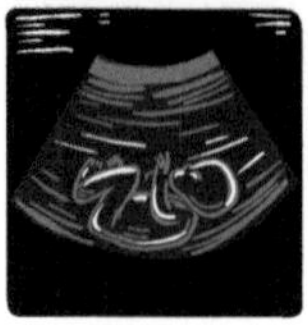

ultrazvuk

ultrabunyi

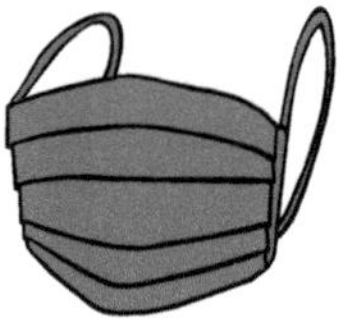

maska

topeng muka

choroba

penyakit

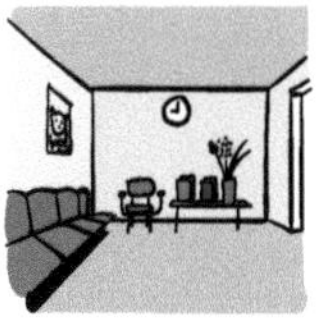

čakáreň

bilik menunggu

barla

penongkat

náplasť

plaster

obväz

pembalut

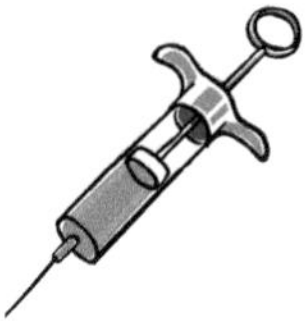

injekcia

suntikan

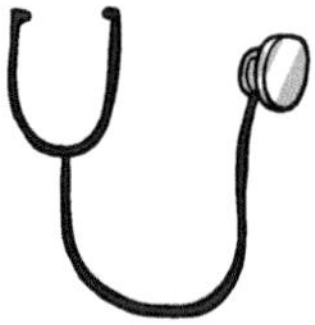

fonendoskop

stetoskop

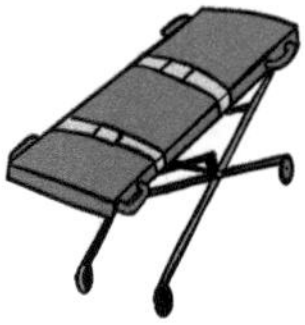

nosidlá

pengusung

teplomer

termometer klinik

pôrod

kelahiran

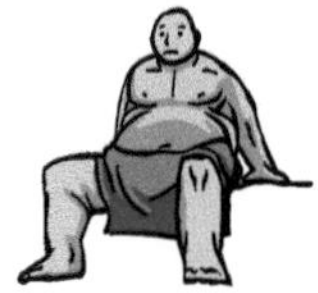

nadváha

berat badan berlebihan

audiofón

alat pendengaran

dezinfekčný prostriedok

disinfektan

infekcia

jangkitan

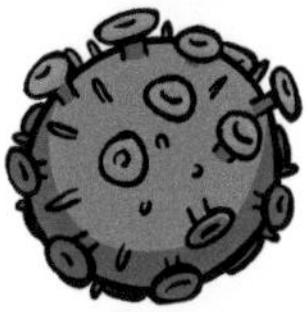

vírus

virus

HIV / AIDS

HIV / AIDS

medicína

perubatan

očkovanie

vaksinasi

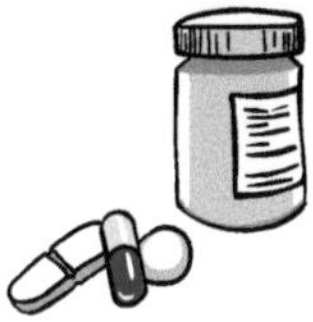

tabletky

tablet

antikoncepčná pilulka

pil

tiesňové volanie

panggilan kecemasan

tlakomer

pantau tekanan darah

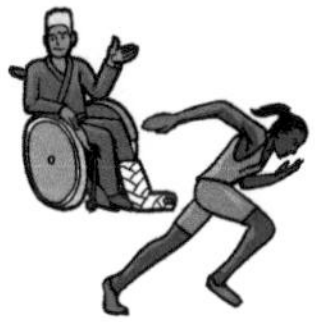

chorý / zdravý

sakit / sihat

urgentný prípad
kecemasan

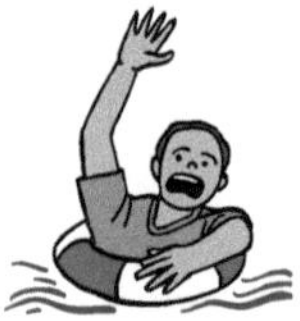

Pomoc!

Tolong!

alarm

penggera

prepad

serang

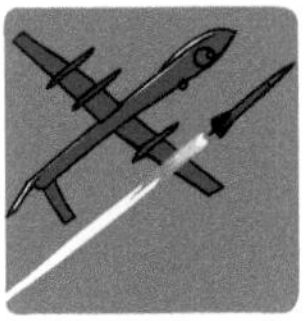

útok

serangan

nebezpečenstvo

bahaya

núdzový východ

pintu kecemasan

Horí!

Api!

hasičský prístroj

alat pemadam api

nehoda

kemalangan

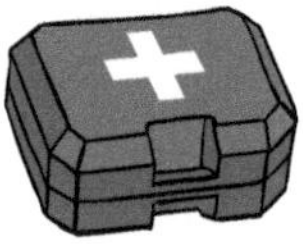

kufrík prvej pomoci

alat pertolongan cemas

SOS

SOS

SOS

polícia

polis

Zem
bumi

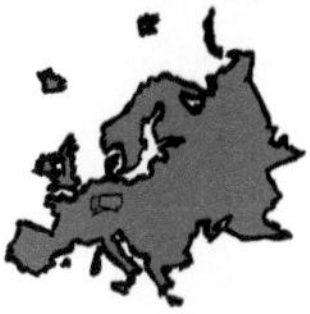

Európa

Eropah

Severná Amerika

Amerika Utara

Južná Amerika

Amerika Selatan

Afrika

Afrika

Ázia

Asia

Austrália

Australia

Atlantický oceán

Atlantic

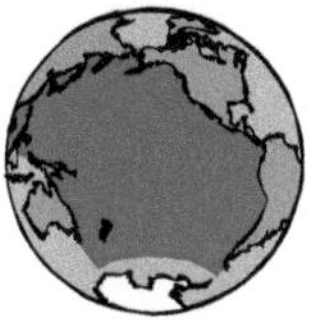

Tichý oceán

Pasifik

Indický oceán

Lautan Hindi

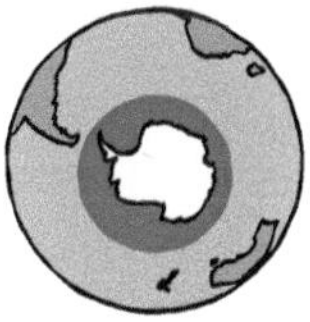

Južný oceán

Lautan Antartik

Severný ľadový oceán

Lautan Artik

Severný pól

Kutub utara

Južný pól

Kutub Selatan

Antarktída

Antartika

Zem

bumi

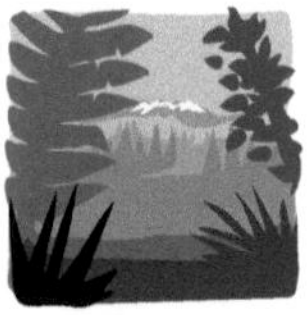

krajina

tanah

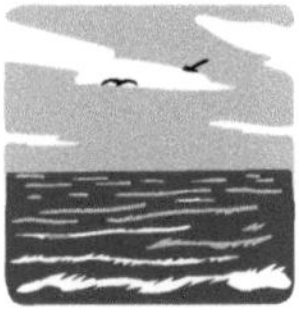

more

laut

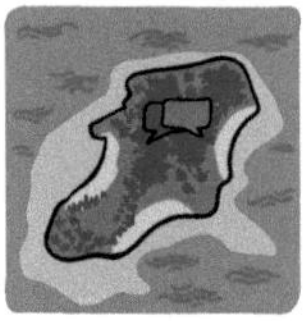

ostrov

pulau

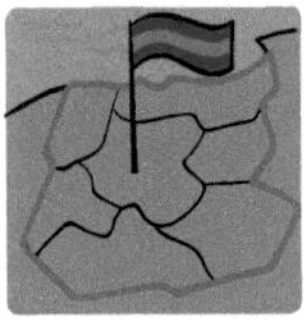

národ

negara

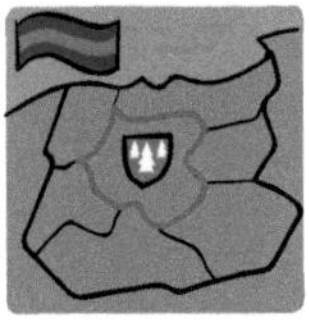

štát

negeri

hodiny
jam

ciferník

muka jam

hodinová ručička

tangan jam

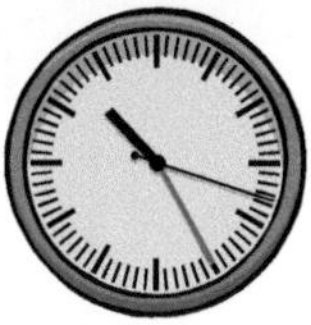

minútová ručička

tangan minit

sekundová ručička

terpakai

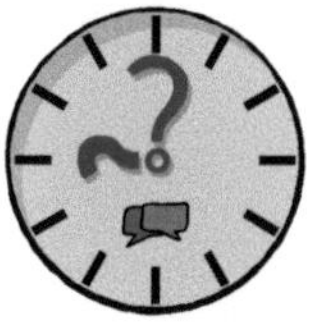

Koľko je hodín?

Jam berapa sekarang

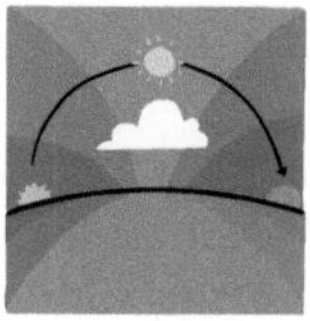

deň

hari

čas

masa

teraz

sekarang

10:25

digitálne hodiny

jam digital

minúta

minit

hodina

jam

týždeň
minggu

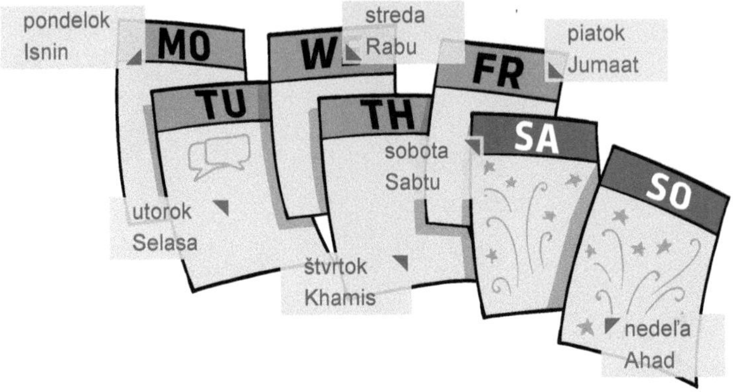
pondelok
Isnin
MO
streda
Rabu
W
piatok
Jumaat
FR
TU
TH
SA
SO
sobota
Sabtu
utorok
Selasa
štvrtok
Khamis
nedeľa
Ahad

TUE
MON
1

včera
....
semalam

TUE
2

dnes
....
hari ini

TUE

zajtra
....
esok

ráno
....
pagi

poludnie
....
tengah hari

večer
....
petang

MO TU WE TH FR SA SU

pracovné dni
....
hari kerja

MO TU WE TH FR SA SU

víkend
....
hari minggu

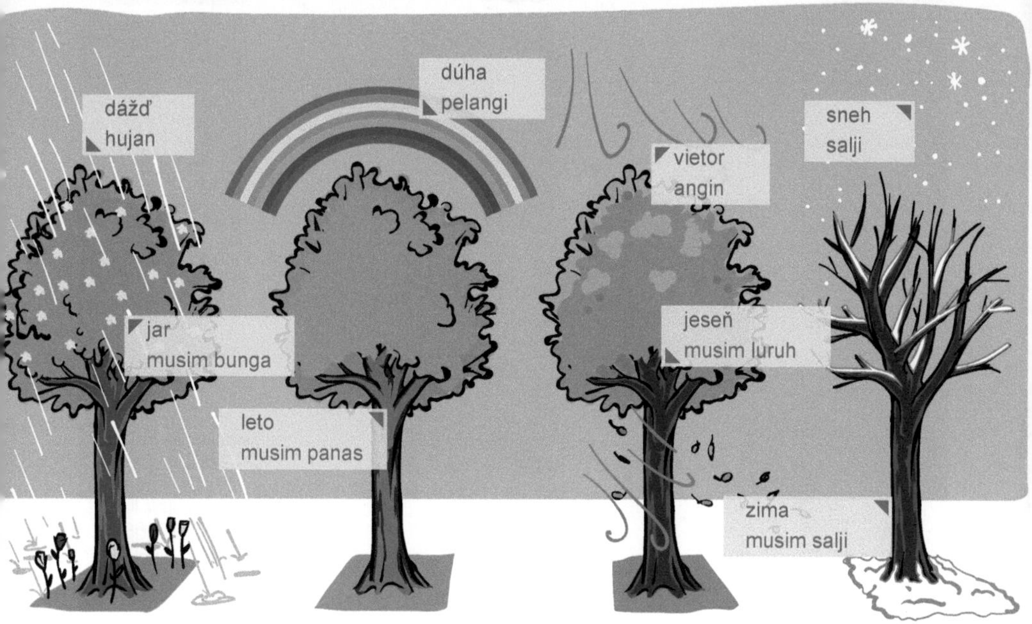
dážď
hujan
dúha
pelangi
vietor
angin
sneh
salji
jar
musim bunga
jeseň
musim luruh
leto
musim panas
zima
musim salji

4.APRIL 11°
5.APRIL 4°
6.APRIL 13°
7.APRIL 8°
8.APRIL 10°

predpoveď počasia

ramalan cuaca

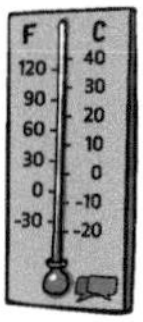
F C
120 40
90 30
60 20
30 10
0 0
-30 -10
-20

teplomer

termometer

slnečný svit

sinar matahari

oblak

awan

hmla

kabus

vlhkosť vzduchu

lembapan

blesk

kilat

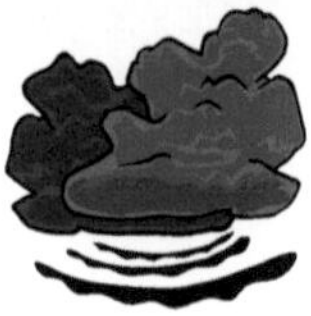

hrom

petir

búrka

ribut

krúpy

hujan batu

monzún

monsun

záplava

banjir

ľad

ais

január

Januari

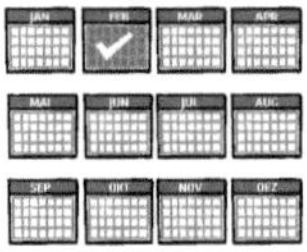

február

Februari

marec

Mac

apríl

April

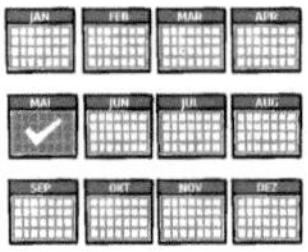

máj

Mei

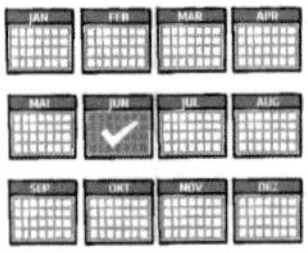

jún

Jun

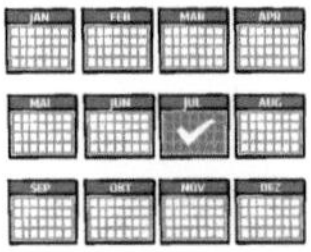

júl

Julai

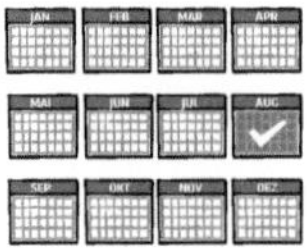

august

Ogos

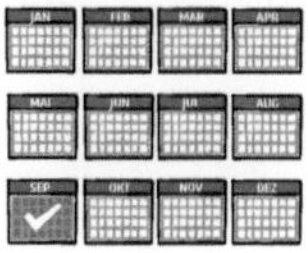

september

September

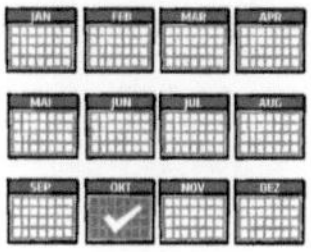

október

Oktober

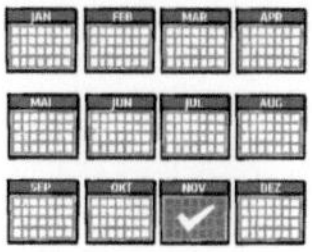

november

November

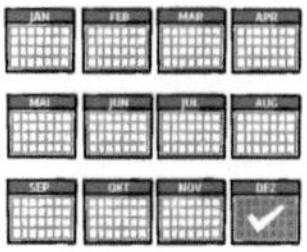

december

Disember

tvary

bentuk

kruh

bulatan

štvorec

petak

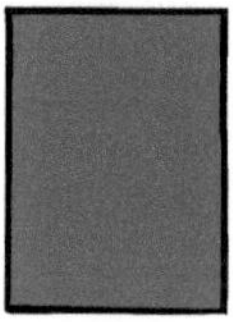

obdĺžnik

segi empat tepat

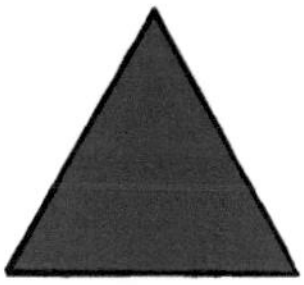

trojuholník

segitiga

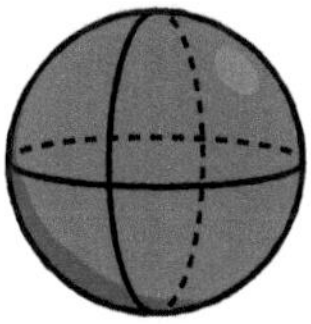

guľa

sfera

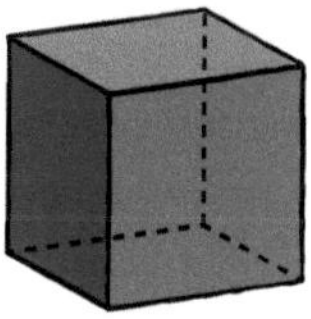

kocka

kiub

farby
warna

biela

putih

žltá

kuning

oranžová

oren

ružová

merah jambu

červená

merah

fialová

ungu

modrá

biru

zelená

hijau

hnedá

coklat

šedá

kelabu

čierna

hitam

protiklady
berlawanan

veľa / málo

banyak / sedikit

zúrivý / pokojný

marah / tenang

pekný / škaredý

cantik / hodoh

začiatok / koniec

bermula / tamat

veľký / malý

besar kecil

svetlý / tmavý

terang / gelap

brat / sestra

abang / kakak

čistý / špinavý

bersih / kotor

úplný / neúplný

lengkap / tidak lengkap

deň / noc

hari / malam

mŕtvy / živý

mati / hidup

široký / úzky

luas / sempit

chutný / nechutný

boleh dimakan / tidak boleh dimakan

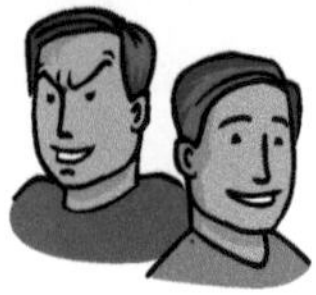

zlostný / láskavý

jahat / baik

vzrušený / unudený

teruja / bosan

tlstý / chudý

gemuk / kurus

MO
TU
WE
TH
FR
SA
SO

prvý / posledný

pertama / terakhir

priateľ / nepriateľ

kawan / musuh

plný / prázdny

penuh / kosong

tvrdý / mäkký

keras / lembut

ťažký / ľahký

berat / ringan

hlad / smäd

lapar / dahaga

chorý / zdravý

sakit / sihat

nelegálny / legálny

menyalahi undang-undang / undang-undang

inteligentný / hlúpy

pintar / bodoh

vľavo / vpravo

kiri / kanan

blízko / ďaleko

dekat / jauh

nový / použitý

baru / lama

nič / niečo

tiada / sesuatu

starý / mladý

tua / muda

zapnuté / vypnuté

hidup / mati

otvorené / zatvorené

terbuka / tertutup

tichý / hlasný

diam / bising

bohatý / chudobný

kaya / miskin

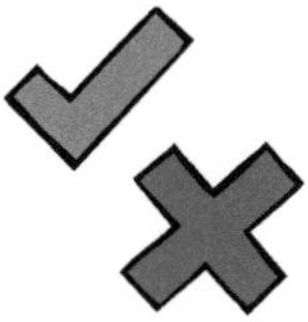

správne / nesprávne

betul / salah

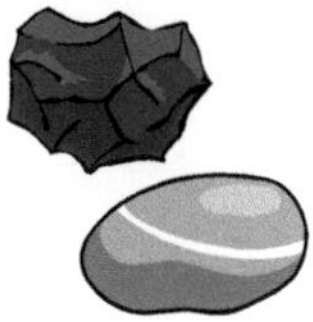

drsný / hladký

kasar / halus

smutný / šťastný

sedih / gembira

krátky / dlhý

pendek / panjang

pomaly / rýchlo

lambat / laju

mokrý / suchý

basah / kering

teplý / studený

panas / sejuk

vojna / mier

berperang / berdamai

čísla
nombor

0	**1**	**2**
nula	jeden	dva
sifar	satu	dua
3	**4**	**5**
tri	štyri	päť
tiga	empat	lima
6	**7**	**8**
šesť	sedem	osem
enam	tujuh	lapan
9	**10**	**11**
deväť	desať	jedenásť
sembilan	sepuluh	sebelas

12	**13**	**14**
dvanásť	trinásť	štrnásť
dua belas	tiga belas	empat belas
15	**16**	**17**
pätnásť	šestnásť	sedemnásť
lima belas	enam belas	tujuh belas
18	**19**	**20**
osemnásť	devätnásť	dvadsať
lapan belas	Sembilan belas	dua puluh
100	**1.000**	**1.000.000**
sto	tisíc	milión
ratus	ribu	juta

jazyky
bahasa-bahasa

angličtina

Bahasa Inggeris

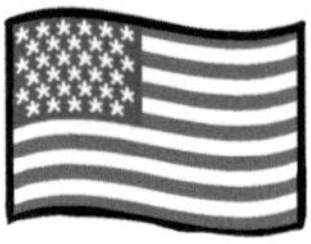

americká angličtina

Bahasa Inggeris Amerika

mandarínska čínština

Bahasa Cina Mandarin

hindčina

Bahasa Hindi

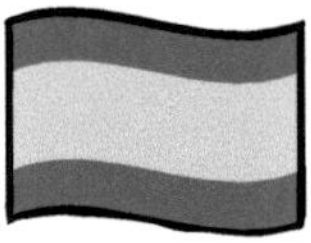

španielčina

Bahasa Sepanyol

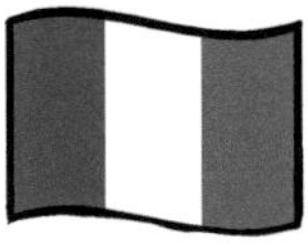

francúzština

Bahasa Perancis

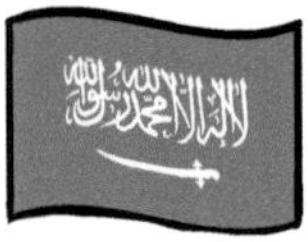

arabčina

Bahasa Arab

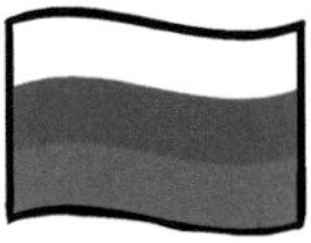

ruština

Bahasa Rusia

portugalčina

Bahasa Portugis

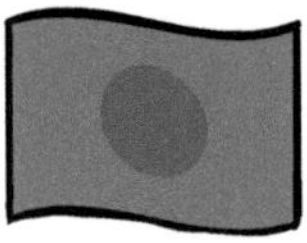

bengálčina

Bahasa Benggali

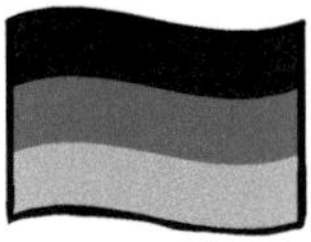

nemčina

Bahasa Jerman

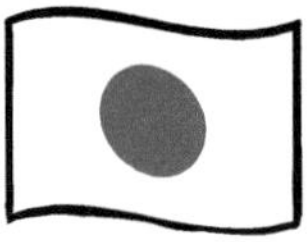

japončina

Bahasa Jepun

kto/čo/ako
siapa / apa / bagaimana

ja

saya

ty

anda

on/ona/ono

dia / dia / ia

my

kita

vy

anda

oni

mereka

kto?

siapa?

čo?

apa?

ako?

bagaimana?

kde?

di mana?

kedy?

bila?

HELLO, I AM

meno

nama

kde
di mana

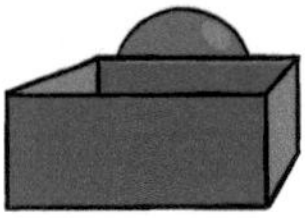

za

belakang

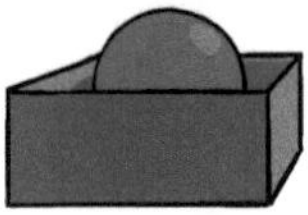

v

dalam

pred

di hadapan

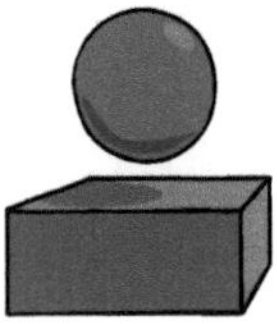

nad

lebih

na

pada

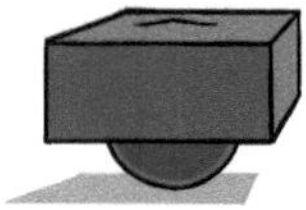

pod

di bawah

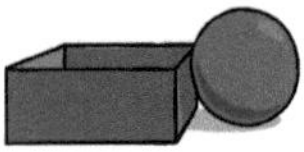

vedľa

bersebelahan

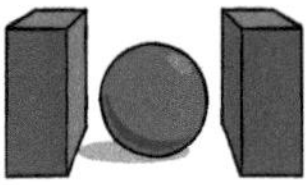

medzi

antara

miesto

tempat